동그랗게 날아야 빠져나갈 수 있다

포지션 詞林 018
동그랗게 날아야 빠져나갈 수 있다

펴낸날 | 2022년 11월 5일

지은이 | 김성신
펴낸이 | 차재일
책임편집 | 이용헌
펴낸곳 | 포지션
등록번호 | 제2016-000118호
등록일자 | 2016년 4월 12일
주소 | 서울시 마포구 대흥로8길 26. 201호
전화 | 010-8945-2222
전자우편 | position2013@gmail.com

ⓒ 김성신, 2022

ISBN 979-11-970197-8-4　03810

값 10,000원

* 이 책의 전부 또는 일부 내용을 재사용하려면 반드시 지은이와 포지션의 서면 동의를 받아야 합니다.
* 이 책은 의 〈지역문화예술육성지원사업〉으로 지원받아 발간되었습니다.

동그랗게 날아야 빠져나갈 수 있다

김성신 시집

포지션

* 한 연이 다음 쪽의 첫 행에서 시작될 때는 '〉'표시를 함.

시인의 말

지천명地天命의 나이에 굽이진 詩 골洞에 들기 위해
깊고 푸른 발자국을 새기며
작아졌다 커지는 신음으로 비탈을 내 질렀다

그림자를 들아앉고 걷고 품어내는 것의 바람이
얼굴을 스친다

세상은 때로 질문들의 증명
세 번째 별에서 당신은 태어나고

2022년 가을
김성신

차례

제1부 | 모든 동물은 전복을 꿈꾼다

나방은 누가 풀어 놓았을까   12

이미그레이션   15

모든 동물은 전복을 꿈꾼다   18

환승   20

말   23

스콘   26

@   28

시간의 집   30

에어캡   33

마블링   36

드론   38

거짓말   40

아판타시아   46

거기서부터, 기린   43

그러니까 토마토   48

북두칠성 세 번째 별에서 당신은 태어나고   50
고통보다 빨리 달릴 순 없다   52

제2부 | 부드러운 선인장

야크   56
각인   59
검정 l   62
나는 이제 바닥을 향해 올라갈래요   64
부드러운 선인장   66
가위   68
부르카   70
아보카도의 사상   72
둥근 삼각형   74
칠점사   76
충영蟲癭   79
선탄   82

오, 유리　84

헤모글로빈　86

합성사진　88

무지개는 내가 풀어놓은 물푸레나무였어　90

히아신스 짚라인을 타요　92

고리를 맺다　94

hook　97

제3부 | 꽃말을 호명하는 시

꽃말을 호명하는 시간　102

고래 뱃속은 따뜻해　105

초오를 아십니까　108

탑　110

읍　112

윤장대輪藏臺　114

수박밭의 생쥐들　116

봄 풍등	118
병실의 기분	120
묵장	122
지네	124
표백漂白	126
보라	128
곰벌레	130
누군가는 날 비닐인형이라고 부르지	132
빙하기	134
네펜데스	136
반성하는 호박	138
극태	140

해설

슬픔과 상식으로 쓴 인간/곤충기 | 정재훈　144

제1부

모든 동물은 전복을 꿈꾼다

나방은 누가 풀어 놓았을까

예감은 때로 정지신호,
가늘어진 말들이 마른 기침소리를 낸다

침묵은 세상 밖의 노선
선뜻 다가서지 못하고 두리번거릴 때,
아프다고 소리치지 못하고 나를 잠글 때,
벼린 시간이 나뭇등걸에 매달려 있다

부랑자가 뱉은 마른기침을 먹고
공원의 편백은 무심히 자라 반백이 되고 다닥다닥 붙어 가게를 꾸리겠지

음률을 고스란히 옮긴 떨리는 손의 음표들
슬픔 위에서도 가볍게 내려앉아 기꺼이 날아오르려는 눈빛
내딛던 발을 걷은 껍질처럼 공손한 자세로 공벌레들이 웅크려있다

그늘이 거느리는 길을 묵묵히 따르는 당신
나방을 뒤따르는 한 무리의 침묵
어둠이 흩어지고 남긴 서늘한 빛무리 속으로
울고 남은 몇 개의 말들이 저녁으로 이운다
내가 버린 칼날의 곡哭들은 어디에 기대어 있을까
흰 뼈들이 공중을 떠돌고
입술 달그락거리던 석양이 홰를 친다

어느 쪽을 돌아봐도 낯설게 웃고 있는 얼굴들
어떤 생각은 날개가 꺾인 방향으로 천천히 고개를 묻고
핏기 없는 바람이 난간 끝에서 발끝을 모은다
진눈깨비처럼 쌓여가는 내 어깨의 석회

버스가 마지막 정류장에 정차했을 때

나도 모르게 나온 노랫가락을 붙잡고
눈 속의 혀는 오랫동안 습기를 핥고 있다

비로소 인적이 사라진 고행 속으로 날아가는 나방들
그 뒤를 맹목으로 따르는 어슴푸레한 것들이
잡힐 듯 잡히지 않은 채 멀어지고 있다

오늘의 바깥이 자꾸만 겨드랑이 속으로 파고들고 있다

이미그레이션

낮은 짧고 밤은 길지요
그 반대여도 상관은 없지만요
엄마는 늘 빈 젖만 물렸지요
빈 것들은 왜 바람 빠지는 소리가 나는 것인지,

나는 예멘에서 왔어요
아멘이 아니고 예민 말입니다
사람들이 몰려오고
플래시가 팡팡 터지고
텔레비전에선 우리가 살던 집과
외양간의 늙은 소들을 비췄지요

화면 속의 사람들은 다 떠나고
이름 모를 작은 나무 한 그루
포탄처럼 온통 붉었죠, 눈물은 아닐 거예요,
함께 온 예멘의 어른 몇은
이제는 이곳이 우리가 살 땅이라고 말했지요

아니, 살고 싶은 아름다운 섬이라고 말했지요

인형도 과자도 나무도 구름도
숭숭 구멍 뚫린 돌처럼
집을 잃은 바람들이 정처 없이 떠돌아다니는 이곳,
매일같이 시끄럽지만 그래서 평화로운 이곳,

발 동동 구르다 보면 하루해가 저만치 멀어지죠
제주는 태초부터 새콤한 감귤나무가 자라났나요?
새별오름에는 날마다 새 별이 떠오르나요?
질문할 때마다 엄마는 눈감고 젖이나 빨라고 했지만
그럴 때면, 나는 알아도 모르는 사람이 되죠

매일 아침 밀빵을 구우면
어떤 생각들은 이스트 없이 부풀다 이내 가라앉지요
엄마의 봉긋한 젖무덤이 저기 위, 한라봉 같아요
언제 터질지 몰라요, 엄마도 나도 저 구름도 말이죠

활활, 이글이글, 용암처럼 흘러
뜨겁게 이 섬을 덮으면 우리는 모두 즐거워질 수 있을는지,

앞에서 달려오는 파도는
뒤가 잠잠해진 뒤에야 다시 제 몸을 일으키죠

이것은 아는 사람만 모르는 비밀 이야기
그러니까 모르는 사람만 아는 매우 흔한 이야기

쉿,

모든 동물은 전복顚覆을 꿈꾼다

내 목소리를 따라오면 돼 아타카마사막으로 들어갑니다
여명을 찾는 지름길
틈새를 메우려는 적요
거기 근엄한 파수꾼, 굴절이 함께 있어

멈춰 서면 떠오르지 않는 집,
아무리 불러도 옆이 생기지 않는 어깨
혼잣말은 발걸음의 기원일까요 오늘과 나는 함께 몸을 말아 허공을 목소리로 키운다

절망은 어떤 질문 끝에 낙타와 조우 할 수 있을까
눈동자 속으로 몰아치는 먼지구름
밤하늘에 꽂혀있는 무수한 낱말들이 불려나오고
가깝고 많은,
시작에서 끝나는 것인지도 모를 바람에 휘말리기도 한다

시간의 비늘은 견고해
비탈을 딛아 올린 날카로운 햇빛들
어떤 얼굴은 서 있을 곳 없어
자주 뒤집어져,
이마 헐고 발굽 가라앉는

헛짚던 채찍을 휘두르며
두 눈을 든 채
앞발과 뒷발을 동시에 내디디며 걷는다

어떤 상처가 소용돌이 하나씩을 만들 때
발자국의 표면에 빼곡히 채워진 돌과 모래들

전복轉覆은 낙타보다 키 크고 등 높은 동물
함부로, 죽어가던 내가 척추 세우며 올라탈 때

환승

신도림역에 두고 온 나를 찾으러왔어요

깜박깜박 자주 멈췄고 때때로 잊었습니다
머쓱한 미소를 짓는 사이 멀어지고 있더군요

손에 들린 것이 약속인 것을 그제야 눈치챘어요
낯선 틈에서 잔뇨감이 뒤뚱뒤뚱 따라왔지요
역 바닥을 구르고 주저앉고 헤매다가
하고 싶은 말은 그 자리에 붙박이로 남아
발 없는 발이, 얼굴 없는 얼굴이,
당신의 부재한 어깨 위에서 잠을 청하더군요

햇빛도 소음이어서 그늘만 따라다녔지요
얼굴을 뒤집으면 모르는 사람이 나와
환승을 잊지 않기 위해 환생을 주문으로 웁니다
개찰구를 통과하면 긴 복도의 속주름이 접혀있고
나를 따라온 당신의 바깥은

역광인지, 역풍인지, 눈을 뜰 수가 없었지요

돌림노래는 시작과 끝을 녹여서 제자리로 돌려놓았죠
나는 아즈 달리고 당신은 멀어지고 슬픔은 실패가 없지요
부재는 소문의 가장자리에 있어 늘 만석이죠
더부룩한 배를 걷어차며 힘껏 속력을 끌어올리는

당신이라는 기차

환승역은 오늘도 멈추질 않아요
언젠가 돌아간 당신의 태아가 배냇짓을 합니다
씹다 만 문장이 어른거리고
내 이마는 얼룩진 식탁보
모직 스커트에서 빠져나온 바람을 모아

나마스떼 나마스떼

〉
신도림, 한 움큼 머리칼들이 우르르 빠져나와
표정 없이 긴 줄로 휘날리고 있습니다

말

두부 같은 집이었지, 바위처럼 단단한 집이었지

당신의 젖은 귀와 부르튼 입술을 생각해요
오체투지, 바닥에 낮게 엎디는 참례의 시간
맹금처럼 날 선 발톱이 풍경을 수습하고
비로소 내려앉은 마음들은 먼 곳을 바라보네

어제와 오늘 사이의 음소가 분절될 때
울적의 리듬은 박장대소와 굿거리장단에도 후렴을 맞추지
어디에도 가닿지 못한 묵음이 벽을 뚫고 울려 퍼지지

허공을 가로질러 바라보면 이 세상은 때로 결문들의 증명
먼 곳에 있는 것이, 가장 가까운 곳으로 숨 쉴 때
가로지르는 것이, 내 옆에 있었음으로
누군가 되물어도 입술을 깨물 뿐

〉
말의 섬모는 부드럽지만 함부로 내뱉을수록 공허해져
끝은 뼈처럼 하얗구나
함부로 내뱉은 말들이 부유하는 소란의 세계
돌아나가던 命이 여기서 저기로 숨어들면

혀를 내밀어 숨겨진 말맛을 핥는다
음, 그늘진 속이 보일 땐 아늑하기까지 하군
오랫동안 놓지 못한 헛꿈이 측면으로 사라진다

굽이치는 강물에 작은 손바닥을 휘저으며
고립에 빠진 낯이 쉬웠다는 일기장
쓴다, 지난한 것들이 번져가는 달그림자를

무수한 별들
당신이 흘린 말에 박혀

차마, 혀를 빼내지 못한

그 사이의 사이

스콘

플레인 스콘을 씹을 때마다
속에 박힌 것들이 소용돌이쳤지
달달하고 쌉쌀하고 때론 말랑해지는 것들
헛바늘에 닿을 때마다 우리의 사이는 멀어지고
다시금 부서져 내리며 가까워지는 것들
혹은 우리의 마지막 뒷모습

입속에서 녹아 조금씩 사라지는 눈처럼
한때의 꿈과 절망이 모두 함께 사위어가지
휑한 눈동자, 움푹 들어간 긴 잠
바싹 마른 동네 어귀의 개똥처럼
자꾸만 밟을수록 이내 일그러지고 부스러지는 계절

한 겹씩 손으로 찢어 맛을 봤어
감은 두 눈을 다시 천천히 감으면
스치듯 닿았던 작은 손들은 모두 녹아내리지

맞닿아 함께 구르던 날들을 생각해

목젖에 깊이 박아두었던 일들이
솜사탕* 되어 하늘로 뭉게뭉게 피어오를 때
그때의 내일을 차마 사랑이라고 부를 수 있을까

너와 나 사이에는 언제나 우리라는 절벽
낯익은 짐승의 울음소리가 점점 크게 들리지
쩌렁쩌렁, 밤하늘을 하울링 하다가
갸르릉, 이 긴 새벽을 마구 할퀴다

굳게 닫힌 한 뼘의 거리에서
이따금 나를 겨냥한 너의 변혁

뒷맛, 폭력으로 부풀어 오르는,
그 어떤 우리도 공손해지는 법을 몰라
너도 나처럼 자꾸만 입을 벌리지

* 밀가루에 버터, 우유, 초콜릿 등을 넣어 구운 고소한 과자.

@

지구를 흘낏 지나는 행성처럼
어딘가에 가닿고 싶어 하는 눈빛

오랫동안 떨어진 시간을 수긍하면서
꼬리 잘린 채 진화하는 아스키 64번째
셔츠 단추 두 개쯤 풀어놓고 쳐다보면
멈칫, 뒷장이 없는 그림책의 아이

무릎 위가 사라진 어떤 겨울
커서를 따라 화면 속을 떨며 헤집다
혼자 한 약속처럼 느려지는 손, 손가락

네온사인 이마에 반짝이는 방
가슴을 맞대면
먼 데 벨소리가 아스라해진다
어젯밤 꿈의 진홍을 보여줄까

매지구름과 얼굴을 맞대다
가만, 항아리 무덤을 만졌어

습기에 찬 별빛,
입 벌려 음정을 높이는 물음표
삼키면 얇아지는 것이 시간인 줄 몰랐지

태어났다 죽은 울들은 흙이 되고
살갗 허둘어진 뼈 사이로 자란
솔방울 셔앗

바람 섞인 비에 신호등이 사라졌지
에두른 변명처럼 짧은 혀를 내밀며
잠시 사라졌다 다시 떠오르는
섬

시간의 집

이보다 정교한 건축이 있을까, 시간은

골목과 골목은 신호등 없는 일방통행
천천히 함께 걸을 뿐 밀려가지 않는다

입김을 후, 불면
태지를 뒤집어 쓴 속도는 웅크리고 있다
차갑지도 뜨겁지도 않아
대칭으로 맞닿는 자리

가랑잎 밟히는 소리는
거스러미 날아가고 골목은 쓰러지고
잘못 찾아든 말벌이 윙윙거리는데
손가락 안쪽에 그믐달이 박히고 있다

손을 뻗어 철봉에 매달리는 것은
햇빛을 보며 눈물을 말리는 것이죠

〉
또각또각 하이힐 소릴 밟고 들어오는 여자
색종이로 접은 발자국 소리를 등 뒤에 넣었다
등은 어디까지 켜질 수 있을까
숨은 얼굴을 반으로 접는다

밤이면 귀뚜라미 소리가 달빛을 목 놓아 부르고
박쥐는 각자의 동굴 속에서 언제까지 매달리고 있을지,

결국, 지난밤에 지나가는 밤이 죽었다
씨 많은 슬픔에 불을 붙이면
머리카락 타는 냄새가 좋아

젖은 셔츠를 눈 밑까지 끌어올리는 여자
나는 그녀가 사는 지붕에 닿질 못해 걸을 뿐,

오늘은 웅덩이도 좀처럼 고이지 않고
겨울의 푸른 숨소리가 봄의 달력을 찢는다

사다리가 없어진 갈피를 수평으로 올린다

에어캡

꿈이 도형으로 떠다녀요

그려 볼까요, 빛으로 날아오를까요
얼굴을 떼어내 마투의 액자처럼 걸어요
처음 거울을 봤을 때처럼 낯설군요

거울과 얼굴이 분연히 일어나 소리치는 골목
말을 버린 눈이 제 몸에 마르는 눈물을 보아요
숨죽였던,
흰 대문 밀고 들어서면
여전히 나팔꽃들이 담을 타고 오를까요

지나가던 소나기가 다시 장마 길을 내고
팥배나무가 긴 팔로 공중을 들어 올리면
섧게 울어 보던 감촌은 되살아날 수 있을까요

어둠의 호각 소리, 낯선 것과 낯익은 것들을 호명하면

숨길 게 있다는 건 드러날 게 있다는 것
　우리는 매일 바닥을 통해 올라오는 습한 것들에 익숙하죠
　난간 위에 걸터앉은 촘촘하게 짜인 어둠과 빛에 걸린 입술
　각각 다른 무늬의 구름이 조금씩 서로를 삼키기도 하죠

　의심은 죽음을 몰라 거울은 뒤꿈치를 들고
　숲으로 돌아오지 못할 것들을 무시로 던지며
　담담한 나의 입술만 되비쳤죠
　꿈자리가 뒤숭숭해진 당신의 얼굴은 그림자의 덫

　안녕,
　나는 이곳에서 비로소 자유로워
　빵 한 조각을 다시 뜯으며 성벽을 넘죠

　잘 부스러지기 쉬운 살을 목에 두르고

불편한 생각을 차곡차곡 짓누르면
어둡고 외진 모퉁이가 부드럽게 꽃봉오리로 피어나죠

하나의 방을 터뜨리자 겨울이 왔고
또 하나의 방을 터뜨리자 상처의 진물이 흘렀지요

떠다니는 목소리, 흘러 다니는 뒷그림자

밖은 오래 캄캄하고
안은 무심히 따듯해

태어날 걱정은 안 할래요, 다시는

마블링

중심에서 맴돌며
물컹하거나 흰, 풀을 뜯다가 노래하는 습관

초원의 한때로 우레를 치거나
타닥타닥 소낙비로 타들어 가지

쿡쿡 손가락 찔러
네 거죽의 이름을 확인한 사람들
몇 개의 암울한 소식도 함께 전하지
목은 예의 없이 떨어질 수도 있다는 것

갈고리에 걸린 살덩이를 보고
화들짝 놀라 다시 피어나는 꽃봉오리들
혀마다 빨갛게 물결치는 군침

하늘, 나무, 풀, 구름
되새김하는,

입속에 피 고여야
날것은 고소하다

포정包丁의 칼날
살치 속에 숨겨져 켜켜이 고여 있는 혓바닥
웅크린 누이가 겁먹은 눈으로 박힌
내 몸의 흰 마블링,
한 점씩 오린다
근육은 쪼그라든다

뭉툭한 꼬리뼈는 아침이면
자라고
또 자라

드론

어떤 날은 동그랗게 날아야
나를 빠져나갈 수 있다

비자나무숲 새들도 내 그림자를 돌아가느라
울음이 한 박자 늦다
볕 쬐러 산양들이 떼로 몰려왔을 때
가는 눈 뜨고 주린 배 움켜쥐면
날아간다, 날기 위해 날아갈 뿐

왜 나는 것들은 꿈이 가벼울까
앉고 걷고 품어내는 것의 바람은
이마를 간질이기도 할 텐데,

어제는 닳은 무릎을 편다
흘러간 노래를 흥얼거린다
거짓은 비로소 활짝 날개를 편다

내 머리 의로 상상이 겹치면
세로줄 두뇌
바퀴만 있어
구름이 정좌로 돌려세운 기차는 직선으로 굽이친다

어떤 날은 슬픔을 주렁주렁 매달아 놓고는
끌어안는 자세로 잠을 잔다
지상으로 툭, 떨어지는 한 마리의 공벌레

아무렇지도 않게 내일은
순한 표정으로 오늘의 해를 띄운다

나는 것들의 소원은 오직 잠든 나와 맞닿는 것
먼저 뒤꿈치를 든다

 바람이 뒤돌아나가고 있다

거짓말

어슷썰기를 했다, 지난 저녁을
도마 위로 흘러내린 채끝살의 핏물이 흥건히 고여 있었다

매운맛이 돌았다 모서리가 사라진 것들
감출 수 없는 기분을 게워내는
거울에 불길한 내가 붙었다 떨어진다

한참을 그림자로 출렁인다
하나둘 채워 넣은 감정은 이미 사선으로 가득찼다
그림자가 한참을 두리번거리자
하나둘 경계를 넘는 사소한 기분들
낯선 얼굴들이 칼끝에 걸려 미끄러졌다
목젖이 입 밖으로 튀어나올 것만 같았다

상점 밖의 단풍나무가 거리의 찬 공기를 뱉어낸다
헐벗은 마네킹이 딱딱한 어깨를 움칫거리고

거울에 붙은 입술 자국이 단풍처럼 붉게 번진다

언제나 그와는 행인의 얼굴로 마주 보게 된다
어깨에 내려앉은 담배 냄새가 굴렁쇠를 굴린다
그는 어딘가로 향해 초조한 표정으로 걷고

골목길이 막히면 애벌레 삼킨 유리병처럼 숨쉬기 힘들었다

쏟아진 빈 어항처럼 공기가 빠진 전면 거울
나는 너무 늦게까지 서울역에 앉아있었다

인파 속으로 소지하듯 숨어버린 얼굴
비밀은 유리의 단면처럼 뾰족하다

병이 병을 어루만진다

단숨에 가라앉는 입은 끈적인다
안으로 빠져나가는 밤사이로
저 홀로 날개를 파닥이는 새

거기서부터 기린

안에서부터 밖으로 이어진 동굴

별들이 돌아앉아 별자리를 수놓고
나무와 잡풀을 온몸에 그리고 있다
그곳으로 들어가는 표정은 맑아지고
발설하던 목소리는 긴 목에 걸려 되새김 중

한 걸음 걸으면 숲을 지나 사막
또 한 걸음 걸으면 바다를 지나 너의 집
계절은 유영을 가로질러 긴 목을 휘청거렸지

빛이 없어도 움직이는 것을 알지요
구름 위의 잎을 따기 위해
바람의 길을 뚫고 더 멀리 더 높게 치켜들면
모가지는 한 뼘씩 자라곤 했지

다리를 떼어낸 구름이 빗금을 쳐

그늘을 들썩이며 이미지를 치켜올린다
그림자를 에운 혼잣말이 복화술로 부푼다
부러질 것 같은 다리, 종유석처럼 솟고
그렁그렁한 큰 눈 사이로 초식의 창살 송곳니

밤에 태어난 짐승은 별자리를 온몸에 새기고
허리가 길고 가는 목을 가졌다
한 번은 엉덩이를 길게 빼고
한 번은 가슴 졸이며 누가 헤집고 들어오는 것일까
어제의 일을 잊은 듯 긴 통로를 헤맨다

겨울이다, 거울처럼 깨질 것 같은 추위
잎들이 사라진 세계에서 지상의 뿌리를 생각하듯
땅바닥에 고갤 처박고

긴 혀를 날름거리며 오늘도 새순을 기다린다

금 간 동굴 천장 사이로, 무너뜨릴 듯 스며드는
가늘고 긴 빛 하나

아판타시아*

어떤 눈의 생각이 저녁의 입구를 더듬거리고 있다

한쪽 눈은 지하로 통하는 계단이 있어
나의 몸은, 스며들기 위해 물비늘이 돋지
홀로 어둠을 견디던 가로등 허릴 구부리고

빛과 어둠 사이에서 멀리 흩어지는 먼지구름
먼 곳에서 들리는 풍경이 송사리 떼를 몰고 온다
차마 발음하지 못한 것들의 안과 밖이 밀려온다

적막한 손 하나가 저녁의 이마를 짚고 가면
여린 눈 깜박이며 어른거리는 목숨붙이들
걷는 사람은 말이 없고 나무와 새들은 그를 따른다

H라인 스커트와 붉은 넥타이
성인이란 것을 까마득히 잊은 장면들
잘 찢어지고 열리는 무수한 사색이 꽂히면

화창을 회복하겠다는 듯이 쉽게 열리고 닫히는
아, 잠영하는 것들
그 신산한 세계 속으로 두 눈은 뜰수록 아득해지고

홑겹으로 바라보는 공중무덤
안과 밖이 비로소 한통속이 된다
눈이 온다
첫눈이, 천 개의 눈이 쏟아진다

일제히 발기하는 무덤의 목소리들
한 사람이 손바닥을 들어
성난 잔디를 쓸어안고 울음 운다

* 방금 본 사물을 떠올리지 못하는 시각실인(視覺失認) 증세.

그러니까 토마토

누르면 터질 듯한 적막
물렁해진 속을 만지며
생각은 숨소리가 거칠어지지
기침으로 불끈 솟아오르지

시간은 얼마나 빠른지
생각이 혀에 씹힐 때
자꾸만 깜박거리는 퀸택*

손톱 끝에 구름이 만져질 때
혀와 혀 사이 어디쯤
눈을 감았어, 잠시
갓 자른 풀냄새를 목에 밀어 넣었지
잠시 멈추는 거야, 호흡은
들려오는 거지, 잠시 기댔던 저녁의 한때
오늘의 끝은 창백해
바람에 부딪히지 않으려 무른 낯을 세우지

〉
접시 안에 흰 설탕을 흩뿌리면
붉은 실핏줄 포크에 찍히지
내일을 살아가는 맛 앞에서
어떤 표정은 오래 두근거리지
즙을 내기 위해 움켜쥐는
손가락들
이 세계를 어루만지기 위해,
말랑말랑해진 그림자

네가 영영 사라질 때까지
무른 상상은 설탕이 빨갛게 버무려져
이내 달콤해지는 거지, 저 울음처럼

* 원예용 살균제.

북두칠성 세 번째 별에서 당신은 태어나고 있지
―자몽

허공은 너의 최전방
가벼워서 무거운 북두칠성 세 번째 별에서 당신이 태어난 것처럼*

초목을 떠돌던 꿈
잎사귀를 통과해 출렁이던 목소리가 녹은 걸까
기분을 수집하는 따듯하고 눈부신 햇빛들

바람이 한 꺼풀씩 돌아가며 그림자를 벗겨낼 때
'시다'는 조용하고 서늘한 규칙
원형으로 갇힌 생태계를 압축하면
내 손바닥을 바라보던 사람은 다시 바람이 된다

향기로 무장한 고백이 소용돌이 하나씩을 만들 때마다
자몽은 노랗게 자몽自懜할까
잃어버린 채 잠든 것들을 밀어내면
전진하지 못하던 날들이 생각으로 다시 태어난다

진심을 두 집으면 도르는 사람이 친근해지는 세계
견디는 것들은 모두 우리를 당신의 처소로 두고 있다
손끝으로 음악을 던들며
눈비, 구름 지날 때
주술적 몸짓으로 흔들어 깨우는 달마의 벽

반짝임의 온기를 천천히 핥으면서
의아한 공중을 가프며
침이 괴었다가 날아가는 쪽은 슬픔의 반대편

천국은 그곳을 지나가는 사람만이 느낄 수 있다

* 사람은 일곱 개의 별 증에서 태어난다는 몽골의 속담.

고통보다 빨리 달릴 순 없다

사라지는 것들이 구석구석 붙어있다

흔들리는 그림자를 바다라고 바꿔 부르기 시작했다, 복도
그곳에 들어서면 생각이 길고 멀어진다
늘어선 슬픔이 빼곡히 들어찬 방들
흰색 페인트의 농담(濃淡)을 적막으로 덧칠한다

배웅한 사람과 마중 나올 사람은 다르지 않다
드문 일이지만 트럭에 숨어든 이민자처럼
오늘도 죽음이 죽음을 살려내지 못했다
손가락 안쪽에 그믐달 같은 티눈이 들어앉기 시작했다

겨울이 도착한다
유리창, 침대가 바늘 틈에 꽂힌 채 손이 묶여있다
코로 이어진 식사 호스는 지하로 연결된다
복도는 조용하다
화살표는 얼마나 많은 의심이 뻗어 있나

오지 않을 날이 이미 와버린 것처럼
나의 물음표는 안과 밖의 모서리
흔들리는 물음이 사방에 널려있다

눈물은 실패하지 않아요
병이 병을 어루만진다
복도에 버려져 까치발을 들고 있는 울음을 본다
병 속에 병이 같은 두께의 체온을 드러내도록
그 누구도 당신의 고통보다 빨리 달릴 순 없을 것이다

누군가의 바람이기도 했던 길,
약 없이도 수평으로 누워있는 당신
긴 바다가 출구 없는 둥근 시간이 된 채

천천히 유영하며 말을 걸어오는 난간이 흔들린다

끝이 만져지는 길

제2부

부드러운 선인장

야크

탄산수가 쏟아질 것 같지 않니
야, 크! 크게 발음해봐
믿고 싶지 않은 말들을 단숨에 토해내며 눈 질끈 감지

꿈속이었어, 해고라는 말을 곱씹다가 한 입 삼켰지 뭐야
 어쩌면 그토록 무겁게 가라앉는가
 찬물을 들이켜도 뜨거운 몸이 계속되었지
 어디선가 흘러나온 로큰롤은 생각보다 암울하게 들렸어

막막함의 족적은 느려 두 달쯤 지나야 히말라야 협곡에 닿지
 겨울을 움켜쥔 만장이 온몸으로 어둠을 펄럭이는 곳
 예감을 바람으로 착각해
 초점 잃은 낮달이 깃털인 양 흩날렸지

분명 잠이 들었던 것 같은데 늑골에선 색색거리는 목소리
구름을 친친 감고 오른 야크
마른 몸에서 쏟아지는 부스러기들
휘파람 소리를 결기로 다진다
아직, 당신은 누구의 호명에 아슬아슬 끌려가는 것일까

아무도 밟지 못한 시간의 협곡은 늘 밑을 향해 기울어져
눈 속에 파묻은 귀를 밟고
영혼에 삽목된 화살나무를 어금니로 자른다
조망을 유동식으로 삼킨다

구인 광고가 형형색색 만장으로 흩날리는 아침
메아리는 세상을 통째로 휘젓다 어딘가로 흘러간다
무수히 주저앉은 길을 지운 독수리를 겨누며

〉
멈춰진 채로 작동하는 눈의 뼈,

야크!

각인

꿈은 목이 가늘어 부러지기 쉽죠

나의 정치는 시작이 끝
잠시 하늘을 올려다볼게요
구름은 탄식
구름은 한 줌의 흙
반쯤 열린 눈으로 박새가 드나들어요

가늘고 여윈 다리틀 휘감아 오르는 환삼덩굴
땀으로 범벅된 손등 위를 흐르는 골짜기
나무 위의 까마귀 떼 지어 떨어지고
그녀와의 대화는 허공을 움켜쥔 진술들로 무력하죠

스커트가 너무 짧구나
―가슴이 다 컸어요
너를 살핀다고 나뿔 건 없잖니
―나에게 당장 오늘은 지금뿐인걸요

그래
—그래, 라는 말은 맥이 뛰질 않아 의절할 때도 되셨 잖아요

고독을 잇몸으로 둔 미각은 입구와 출구가 같아
온통 신맛 돌고 흰 나비가 날아들죠

당신의 숲은 무성하게 퍼진 저 구름이 아니었을까
기억은 꿈속이라 반짝하다 깨고
뒤채고
손을 빨고,

나는 뱀의 허물처럼 바삭해지는 당신의 몸 어디를 틀 어줄까요
사라진 수족이 꼬리가 되어 가슴 치다 보면

무덤 파듯

흐느적거리던 어깨를 붙잡고

끈적한 체액 속에서

나는 비로소 짐승으로 다시 태어나죠

* 동물의 출생 후 처음 시야에 들어온 어미나 다른 움직이는 존재에
  지속적인 애착을 보이는 현상.

검정 1

이곳엔 마땅한 거울이 없다

눈빛 선한 마삭줄은 나무를 밧줄처럼 부둥켜 오른다

잠든 몸을 빈집처럼 뒤집는다
적요 속, 오래 묵은 그림자
누군가 툭, 떨어뜨린 울음이 찻잔에 붙어있다

곤하게 누워 잠든 골목길이 아미를 찡그린다
층계가 없어 이 시린 물음을 따라 퀭한 눈빛으로 밖을 훑는다

밖은 늘 습기를 머금고 있다, 리어카의 폐지 뭉치처럼
안으로 말아 넣고 다시 펼쳐놓은 길이 빠르게 회전한다

가슴에서 쏟아진 압정들 같아
문이 계속 등장한다는 것이, 틈이 도처에 있다는 것이,

불편한 빛이 어른거린다는 것이,
매일의 슬픔은 실패가 없다고 믿어서
말하고 싶은데 말할 수 없을 때 만져지는 후렴들

잃었다는 말은 점점 허공과 가까워지는 것
 차마 바로보지 못할 어둠과 섞여 머리맡에 모래가 가득 찬다
 무덤이 앉아있는 눈을 열어도 집안은 언제나 조용하다
 눈을 뜨면 입 밖으로 날아가는 새

나비가 모빌에 매달려 흔들린다
어둠, 하늘, 창문의 금 간 얼굴을 거미가 쓸어 모은다

숨겨둔 산을 목소리로 그렸다

나는 이제 바닥을 향해 올라갈래요

허공에 그으면 부서지는 말들

중간쯤, 양손으로 기둥을 잡고
고개 들어 사방을 두리번거리죠
발을 떼면 다시 처음

충분히 지친 하루는 계속해서 층계
한 걸음 또 한 걸음, 끝나지 않는 오늘의 일기

흔들린다는 것은 깜빡이는 필라멘트 같죠
한 치 앞도 모르고 달아났다 다시 되돌아온 빛처럼
눈앞이 어질어질하죠,
아시잖아요, 으슬으슬 식은땀으로 온몸 흥건해지면
지상의 모든 날씨도 축축해진다는 것을요

시시각각 악몽을 꿨던 당신의 귀와 눈
간헐적으로 심장은 쿵쾅거리고

한 계단 오르면 또 한 계단
다리는 후들거리고
연신 욕지기는 목울대를 치고

나는 이저 바닥을 향해 올라갈래요
테이프를 뒤로 돌리듯 말예요

결가부좌한 노승의 자세는 꼿꼿하지만 단정하죠
연무, 숨소리가 짙게 깔릴 때 땅을 보지 마세요

그러니까, 어디가 시작이고 무엇이 끝인가요
아슬아슬,
손을 놓으면 절벽
위를 봐도 아래를 봐도

도무지 사다리와 사다리

그런데, 사다리는 왜 다리가 두 개 뿐이죠?

부드러운 선인장

웅크리던 나를 꼿꼿하게 폈어요

깨진 항아리 구멍으로
달빛 쏟아질 때마다
어제의 스며든 기억으로 오늘이 발생하죠

비스듬히 편 두 손
잘못 스친 상처, 가시로 자라죠
품어 둔 말, 층층 쌓기도 해요

식물이잖아요, 오해를 참는
기대는 법을 잊고
가끔 먹구름을 선식으로 먹는

청록으로 잎 솟을 때마다
늘 조금씩 창밖을 향해 어긋나기도 하죠

모래와 돌과 사람이 눈물과 섞여 버두려진 사막
눈, 코, 입, 지운 얼굴로
어디서 샅장을 멈췄을까

오늘의 돌은 차라드 둥글둥글해
나는 내거 서 자꾸 므르는 사람
가끔 지난 것들을 브추겨
오르락내리락 물겯치는 기분을 노랗게 피워요

잎과 잎이 따로 비껴선 그림자를 지우며
날카로운 가시 겨는 채
돌연, 일어나 꿈틀거리며

아직도 죽어야 사는 나를 향해
부드럽게 찌르기도 하는

가위

걷고 있어, 우리는
뒤집힌 심장을 접고 접어

가파른 사구에 떠 있는 공중을 바라본다
만지고 밀어내고 쌓이고 가라앉고
어젯밤 물고기는 파도가 밀어낸 모래 알갱이다
파닥이는 새, 앉은 자리에서 날아가고

멀리 뻗은 생각은 뚝뚝 목덜미를 끊어내고
얼굴은 그림자 일렁이는 물가 같아
웅덩이에 빠져 허우적거릴수록 목이 마르다
아무리 움직여도 점점 좁아지는 밝음
악몽은 그늘을 두리번거리고
골목은 이미 숱한 질문들의 세계
저토록 흰 공중 위에 떠 있는 당신들
홀쭉해진 다리가 속도를 버린 지 오래된
시시각각 휘어지는 모퉁이

〉
살 것도 죽을 것도 아닌 걸음
걷고 또 걷는다
깊게 패인 걸음
새들은 두 뚱거리며 걷다 이내 사라지고
되뇌었던 숱한 말들은 지금은 어디로 날 수 있을까
구름을 생각하다 성애를 털어 입속에 넣는다
세상은 다 얼어붙었는데 왜 나의 집만 녹아내릴까

눈[雪]이 말을 한다

가위를 움직일 때다다 영혼이 주위를 두리번거렸다

이마는 지금 창백한 금요일로 가득하다

부르카

이태원 3번 출구, 케밥집 통유리 사이로
검은 부르카를 입은 여인의 눈동자와 마주쳤다

오직 밖을 향하여 펄럭이는 온몸의 깃발
빛과 어둠의 경계에서 마주 보는 순간
지나가는 것들은 모두 생각들을 거느리며 스쳐간다

정처 없는 것들이 서로를 주문처럼 외는 시간
우리들의 생각은 더없이 멀어져만 가고
그녀가 웃을 때마다 걸어둔 빗장들이
안녕, 안녕, 안부를 묻듯 쿱즈*처럼 부푼다

부르카 속은 쓸쓸함으로 온 세계를 뒤덮고
입술은 바삭하게 달라붙고
살아남은 것들만 긴 어둠을 핥는다

우리의 완성은 자신이 모르는 사람이 되는 일

저 통유리 사이만큼의 긴장감이
이 세계를 부르르, 차오르게 하지

검은 부르카를 입은 여인의 눈동자를 보냈다
통유리 사이로

* 아랍지역에서 먹는 둥글고 넓적한 빵

아보카도의 사상

빛과 물, 흙과 바람으로 이 세계가 피어난다
풍요로운 식단
너의 땀과 발, 푸른 식욕이 하루를 연다

단단한 말씀으로 둥글어진 식탁
풍경이 온몸에 퍼져 스며들고
접시에 지평선처럼 갈라놓은 이파리는 절반만 깨어 있다
오믈렛, 프리타타를 곁들이면 미래는 언제든 달라질 수 있어

주홍과 보라는 상관없는 배후였다
적막의 내부가 꽉 들어차면
떠올랐다 가라앉은 시간들
담백한 것들이 껍질 밖으로 옮아가지

오늘도 너는 다시 태어나고

배부른 저녁,
기어코 분명해진 입
사다리 없이 올라간 소문이 신경을 날빛으로 받든다

지상과 지하 그 어디에도 뿌리내릴 곳 없어
불면을 흔들어 깨우면
밤의 고요는 무너지고 이 세계는 전복되지

몸을 바꾸자는 암묵적인 약속에
돌아서서 배를 움켜쥐면
가끔 물컹하구나
식사가 고집인지 생존인지를 생각해요
구부러지는 허리, 둥글어지는 무릎

당신이 당신의 말과 함께 이글거리는

둥근 삼각형

생각이 공연한 시간을 잊고 있다
모든 색깔은 각자의 말을 거느렸으므로
어떤 신기루 뒤에서
세상의 방들, 각자의 가족, 동면하는 입들

밤이면 지지직 라디오 소리에 벚꽃이 피고
종려나무 밑은 혼자인 손을 숨기기에 바쁘다
이불 속에서 부딪혔던 발은 낯익은 사각이 되고

남자의 등은 늑대의 문신처럼 고독하다
너와 나, 그리하여 멀어지는 우리의 무늬들

서치라이트는 비추는 것이 아니라 제 몸을 밝히는 것
지나가는 모든 것들은 야수성으로 하울링하고
불협한 시간은 모두 식은 빛으로 가라앉는다

우리의 대화는 붉은 입술 부치처럼 헤엄을 치지 않죠

침대와 휴지통에 수북이 쌓여있는 기분을 방치하고
이해할 수 없는 말들 사이에서 커튼 뒤의 나는
빽빽한 어둠과 붙박이로 서서 빈말을 주고받지요

침묵은 살아도 죽은 기도,
날개 접힌 종이비행기
간지러운 혀들을 날름거리며 열리지 않는 문을 열면
들썩이며 찾아오는 맨살의 바람

동굴을 나온 박쥐의 날개는
들고양이 발톱에 찢겨나갈 것이다
동굴 밖은 위험하지만, 오늘도 집을 나선다
어지럽혀진 방을 당신에게 보여줄 순 없다

침대는 삼각이고 모든 문은 둥글다

* 서상민 '둥근 삼각형' 시제 차용.

칠점사

당신의 발걸음을 존중해요

살아있는데도 죽는 일
밤은 언제나 낮보다 빨라 가만히 쓸어 올린 귀
사색으로 가득 찬 무덤도 허리 굽혀 돌아,
꿈이 생생한 먹잇감으로 다가올 땐 어떤 한숨도 뒤집어지죠

바람은 얼마나 빠르게 불까
종종걸음으로 다가선 내일의 두툼한 목덜미를 부드럽게 감싸요
원망이 원망을 향할 때마다 들러붙는 고집에
혀를 혀에 묻고
소름을 위엄으로 살리죠

명아주가 짙푸르게 자란 수십 개의 달을 지운 채
괜찮아 괜찮아 되뇌면

날카롭게 물때마다 부러지는 5월
한쪽 눈을 감은 슬픔,
동면을 그림자로 즐기는 날 선 칼자루를 움켜쥐죠

죽지 않는 것은 오직 기억뿐
입술 물때는 얼굴은 돌려세워야지
측면을 노릴 때마다 황갈색 점으로 이어지는 비문의
똬리

비탈로 향하는 제법 느리고 두려운 독백
-'어떡하려고 그래'
-'돌아가려면 뒤집어져야 해'
미각 살려 닥치는 대로 고독의 빗장뼈를 물죠

아직, 멈칫있는 사람과 날카로운 흔적이 동일한
끝이 느껴지는 혀의 세계
눈동자에 곡으로 맺히는 링거 줄,

〉
황갈색 무늬 속에 촛불을 켜두면 참회가 될까

제 어미를 닮았구나,
당신은 마비된 내 꿈의 증명이 될 것입니다

충영 蟲癭*

나는 한 마리 벌레
저 단단한 씨방 속이 궁금했다

그림자는 기꺼이 버려두며
빛의 모서리는 둥글게 둥글게
바라볼 때마다 나지막이 반짝일 것

견딜 수 있냐고 묻고는
사라진 웃음을 수막새로 만들며
모질다고 낯도 참 두껍다고 말할 것

내가 깊은 그곳을 헤집은 후
푸른 저녁은 말을 걸어오곤 했다

하룻밤은 당신과 입술이 맞닿는 일
사흘 밤은 당신의 어깨를 감싸는 일
이레째, 당신의 봉분을 쌓을 수도 있겠다

〉
사소한 일들로 벌어진 당신과의 틈새로
낯선 계절이 웅크리고 있었다
앞에서 안아도 가슴은 늘 뒤
몸 안으로 흐르는 채워지지 않는 생각

갚을 수밖에 없는 운명
나를 저 멀리로 내려놓아
몸속으로 들어가는 것들은 죄다 길이 되고

안녕, 이라는 말 한마디
무릎으로 구겨 넣을 때마다
가뭇한 소리가 이명처럼 자박거린다

이젠, 낡은 몸을 버려야 할 때
우화를 꿈꾸는 당신의 몸을 받아들여야 할 때
생각이 마를수록 단단해지는 당신이라는 정념情念

〉
안녕, 이라는 말 한마디
무릎으로 구겨 넣을 때마다
가뭇한 소리가 이명처럼 자박거린다

* 개다래 열개에 벌레가 들어가면 산란에 의한 자극으로 모양과
  성질이 변한다. 통풍의 특효약.

선택

선택은 움직이는 생물
내 기억을 조금씩 증식해 볼까
1,2,3,5,8,13,21…*
어금니 사이에선 검은 의지로 박혀

주사위로 던지거나 통째로 늘이면
고무줄, 리본, 아버지, 천진난만
내가 선택한 길은 하나같이 땅으로 숨는데
좀처럼 만질 수 없는 계절 밖의 안부

슬플 땐 당신 얼굴에 낙서를 하거나
힘껏 가라앉아
도처에 울음 즐비해
그토록 숨었으니 사방엔 나방이 가득하다

끼니를 걱정하던 그늘에 QR 인증을 하면
눈은 눈대로, 신음은 신음대로

허공의 넓이는 점점 커질 텐데
내가 택한 날짜는 누가 기록한 일기일까

뜻밖의 비닐 장막 대면엔 부스럭거리거나 엎드려야지
사라지다를 살아지다로 읽는 당신의 비명
가냘픈 손을 연신 소독해 경계를 허문다

내일의 발끝에 힘을 준다
가깝게 갈라진 장막을 걷어내고
당신이 내일의 잠을 깨
나와 다시 가까워질지도 모르는 별 프로키온 B처럼

* 피보나치 자연 수열.

오, 유리

쿡, 찔러보고 싶었다
기억은 한숨보다 얇아
귀에 익은 말을 꺼낼 때는 무릎을 구부린다
나뭇가지에 불안하게 매달리던 나비가 날아와 검지에 달라붙는다

손에 잡힐 듯하다 멀어지는 메아리는 소용돌이의 근거지
당신의 소재 속으로 쏟아지는 비밀
냄새로 떠다니는 얼룩,
가끔 입김이 계단을 지운다

손에 꽉 쥐면 깨지고 뾰족, 찌르는 벽 사이에서 꿈은
얼마나 먼 거리일까
나뭇가지가 천장처럼 자라 신발 벗어 흔들어주고 싶은,
관망은 친밀함에 있다고 당신은 주장하지

한때 우리였던 당신을 나는 걸어간다
손금처럼 남아있는 시든 잎

왼쪽 눈을 질끈 감고 있는 안개
우엉차를 마시며 사라진 마음을 바라보는 것

뿌리가 무색인 소문을 만져 낮달에 가까워지려나 봐요
커튼을 완전히 젖히면 오랜만에 나는 투명해
손끝으로 음악을 들어야지
침묵을 신앙하며 덜컥 쏟아지는 어둠도 울적할 땐 근사해

창틀에서 굳혀진 역할을 꺼내어 으스대듯 연출하는 무대
어지러운 듯 대칭으로 갇힌 슬픔
밟을 때마다 늘어나는 그림자
머스트 스웩*,

나는 나를 아주 잘 걷습니다

* 발정 난 코끼리들의 독특한 걸음걸이

헤모글로빈

흐르세요, 거슬릴 수 없는 생각은
흩어지는 단어들로 굽이지는 유년
미끄러진 듯 젖은 얼굴

아무것도 나타나지 않는데
'왜'라는 질문에 밑줄이 그어진다
의심은 단단해 오래도록 오물거리기 좋다

나는 규칙적인 발걸음을 실증으로 내세운다
눈 감고도 걸을 수 있는 미움
입김으로도 흔들리는 숨소리
함부로 벽이 되는 당신은 거품으로 허공을 빚었군요,

지난해 겨울은 연골 닳은 무릎을 가졌다
입속 고인 말로 질척거린 발자국
어떤 빛도 밟을 수 없는 맨발이다

길은 점점 비좁아지고
말수 적고 귀 어두운 한숨
손끝으로 전달되는 초승달의 혀
초조함을 노린거야, 지느러미처럼 미끄러지다 출렁이는 풍경들

오고 가는 길에 지킬 것이 있으면 걸음이 느려진다
노래가 되지 못한 가계
질문이 흐르는 물길
아직, 깊숙한 늑골에서 귀엣말이 사각거린다

기다리지 않아서 타람이 찾아오는 계절
검붉은 사벽 여명이
결코, 얼지 않는 나를 데리고 은신처를 옮긴다

합성사진

간밤의 사진 크기를 조절한다
악은 모든 모양이라도 버리라*
가우시안으로 정한 기분을 흐리게 한다

두 눈 뜨고 총총 흔들어볼까
깨진 유리창을 맨손으로 주우면
진홍색 피가 솟구친다
아직, 숨긴 감정일 수도 있다

골목은 가도 가도 출구를 찾지 못해
멀어질수록 이 세계는 슬픔,
사라진 마흔은 풍경 속에서 웅크려
누렇게 바랜 종이에 야성을 눌러 참던 그녀가
중립 없이 번진다

몸에 스미는 한기
입이 잎으로 떠다니고

허공이 그림자를 끌어오는 낮 한때
함께 누우면 괜찮다지는 소품은 바람이다

어떤 기차역의 대기실에서는
한 손에 문 담배 속으로 기적소리를 끌어당겨
둔탁해진 몸이 레일 위의 쇠바퀴처럼 무거워져 구른다
어제는 몸을 잠깐 벗고 싶은 것일까

순식간에 완성된 사진 적소의 비율로 응시한다

그녀는, 내가 아닐 수도 있으므로 환각은 수긍한다

* 데살로니가 전서 (5:22)

무지개는 내가 풀어놓은 물푸레나무였어

표본실에서 날아온 초록나비가 달려든다
눈송이가 나선을 그리며 흩날린다
밤의 가장자리에 부드러운 생각이 쏟아진다

지난 일들은 왜 꿈속에선 스치기만 할까
물푸레 물푸레 이름을 끝까지 걸어가지
꽃가루가 온통 퍼져 구름 위로 날아갔어

하루를 미행하던 구름이 점점 창백해질 때
하늘에 떠 있는 피레네 성엔 고독이 창문이 되지
몸 안의 상상을 들여다본 적 없는데 침상 속에서 말라가는 다리도 볼 수 있어

비탈을 따라 흰 토끼를 쫓아가며 잠깐 다른 호흡으로 숨을 쉬었어
우리는 어디까지가 마음이었을까
분과 분 사이에서 휘문이 되는
빨주노초파남보 빨주노초파남보

〉
빛나는 것들은 곧잘 사라지고
제자리라고 부르고 싶은 요원한 세계
귓바퀴의 굴곡을 따라 사라진 음성이 들릴 때
자정에만 듣는 Vincent*
어떤 사석은 꿈까지 침범해 사지四肢로 흘러내렸지

물푸레 둗푸레, 추의를 안 타는 그림자
내 어깨가 늘어날 때 당신의 다리는 짧아지고
당신의 다리가 길어질 때 허공이 피워 올랐어

우리의 가슴이 광장에서 부풀 때 바람은 집요해졌지
원근을 드러내는 종이 새,
기억이 맞닿는 곳마다 아주 멀리까지 도는 무지개

저쯤에 모여 기억을 지우거나 새로운 행선지를 고의하지

* Don Mclean이 부른 노래

히아신스 짚라인을 타요

고개를 넘어요, 곧장

감은 눈이 흑백의 표정으로 열리고
창문은 언제나 닫혀있기에 안전해요

밤새 이슬을 머금은 인중이 상하로 움찔거려
비가 쏟아질 것 같아요, 아래에서 위로
롤러코스터를 타듯 이 세계는 출렁거리죠
지금 누가 나를 조정하는지
다행히 내 곁에는 없고 어디에나 있죠

엇갈린 팔과 손, 앞서거니 뒤서거니
 그 사이의 바람이 배턴을 넘겨주듯 떠다니는 영혼일지도 몰라
 무릎에는 숨은 손가락이 흘러내려 원인과 결과는 좀처럼 뒤죽박죽이죠

오르막보다 내리막이 힘드네요

저기서 여기로 잘 내려오는 사람의 무릎이
큰 바위 덩굴처럼 씩씩해 보이네요

저녁이면 마주 보는 잎들도 등을 돌려요
빨간 꽃도, 노란 꽃도, 파란 꽃도
모두 보라를 가지고 태어났다는 걸 알아요
벌새는 왜 그렇게 빨리 날갯짓을 했는지
밤이 되면 우리의 이야기는 열 번쯤 더 떨리고 두근
거리지

음악들이 피어났다 지고
어제 썼던 문장이 오늘의 비문으로 시들어버릴 때
나는 그제야, 슬픔 속으로 미끄러지죠

가난이 밤의 노래로 울려 퍼지면 좋겠어요

울음과 웃음이 흐벅지게 껴안았으면 참 좋겠어요

고리를 맺다

너에게서 나를 엇갈리게 빼내면
양손은 고리모양
화창한 날은 뱀의 껍질을 벗기기도 하지

손끝에 닿은 굳은살
엉키지도 끊어지지도 않은 채,
왼쪽 늑골에서 돌아앉아 슬쩍, 긴 혀를 내미는 사람

바람을 감았다 조였다
빗소리와 바람소리를 버무리면
여린 달빛에 몸을 기댄 어둠의 비음소리
때로는 실금을 그었지
침묵을 멀리멀리 보냈지

손에 깍지 낀 채로 그늘진 날들을 감았지
슬그머니 내 속까지 들어 와
입속으로 어떤 목소리가 뒤엉키고

북쪽 하늘을 머리맡에 두고 자볼까
꽈배기 무늬로 동그라미를 맺어볼까
마치, 우리의 관계처럼 오늘 밤은 기지개를 켜자
소름은 숨죽이고 불쑥불쑥 돋아나는 거지

밤하늘에 빛나는 은하수*
말하는 법을 버린 지 오래인,
무거운 그림자를 흔들며
고개를 숙이지 않고도 매듭은 풀리고
몇 번의 묶음으로 입을 막은 뒤 어둠을 자르자

별이 높이 뜬 날은
깊은 밤 긴 숨을 참고 있는
한참을 휘감다 돌아설 당신을

무겁고 촘촘한 고리의 바깥으로 세워줘야지

층층 쌓여가는 계단, 달빛은 마당 가득 어룽지고
허공은 담장으로 툭, 불거져
어지러운 숨, 뛰어내려도 다시 꼭대기로 밀어내면
휘청거리다 발을 헛딛곤 하지
진액처럼 번지는 밤의 냄새가 그윽하다

한 마리의 악어가 세상의 실을 물어 뜯을 거 같아
햇볕은 쨍쨍, 모래알은 반짝

* 오세아니아 섬에서 별이 하늘 높이 뜨는 계절에는 악어가 있으니
주의하라는 뜻의 실뜨기.

hook

트랙은 왜 트랙을 벗어났을까

그때의 질주는 흑백의 시작
수증기를 날리며
네, 아니요로 도착하는 역驛의 시작이었다

흰 땀을 흘리며 철로에 서 있는 해바라기
뾰족한 부리들이 하늘에서 쏟아질 때
신음을 다지는 당신을 읽느라
떼 지은 벌들이 나를 심문했다
갇힌 시간은 어떤 소스라침도 없어

오늘은 정말 이상한 날이군
아직, 검프른 빛이 도는 기적소리
속을 알 수 없는 영혼이 살아있다는 증거 아닐까
몽탄역 종소리를 곁에 흘리는 고백은 뭉친 솜처럼 입 안에서 자란다

〉
휙, 휙, 치고 빠지는 허공
겨울을 거울이라고 해도 괜찮아
가깝다 멀어지는 기분은 어떤 바람을 붙드는 걸까
흔들리는 것들은 온 힘을 다해 새가 된다

기억에서 바싹 마른 나뭇가지는
사각에서 자라 떼쓰는 자아처럼 입을 벌렸다
지나가는 소나기가 성호를 긋는다
앉아있기엔 무겁고
일어나기엔 주춤거리는 창문이 터널을 반듯하게 눕힌다

  오롯한 네 것이길 바라는 아니오, 의 가장자리
  끝없이 노선을 따라오던 노을이 침 삼키며 제 몸의 정오를 은폐할 때

구절양장九折羊腸 지루한 악몽 속
관망을 멈추는 것은 거부하는 것이 아니어서
긴장은 민첩한 탐사

아직, 자면 안 된다는 소리를 경계 없이 관통한다

제3부

꽃말을 호명하는 시간

꽃말을 호명하는 시간

기다리다 지쳐 먼 곳을 보면
그제야 돌아오는
몇 량의 무쇠 바람

득량역*에서 나를 찾는다

가랑잎이 열 장쯤 떨어질 때마다
기적도 없이 무심히 지나가는 열차
여린 녹차 잎을 흔들며
간이역 플랫폼 위로 바람은 불어오고 또 불어간다

발밑에 기적소리 멈추고
허공을 향해 네 이름 부를 때
단풍, 맨드라미, 과꽃
깜박깜박 붉은 신호등이 켜진다

비스듬히 지난 계절 철길 누우면

안간힘, 다뜻한 날에 한기가 돈다
다소곳하게 앉아있는 의자에 땀이 배인다

누울 때는 온몸의 힘을 빼야지
내가 사라진 마흔의 묘비명은 고독
새벽을 통과하는 전조등에 고개 숙여 물음을 쏟는 동안
푸르스름한 날은 어느새 꽃물 들고

똑같은 음표로 노래하던 주홍의 날들은
돌아가며 엎치락뒤치락
책갈피 손 한 장 두 장,
막다른 골목에서 탈주를 꿈꾼다

솔바람 소리, 덜커덩거리는 기차 소리
햇볕도 순해져서 들어간다

틈새에 눌러져 잠든 채

두 눈 뜨고 있는 눈부처,
마른 장미 꽃잎 한 장

* 전남 보성에 있는 간이역.

고래 뱃속은 따뜻해

늙은 어부의 쭈글쭈글한 피부에는
모든 계절의 꽃과 나무와 바람의 온도가 살지
살을 에는 강추위가 화석으로 숨을 쉬기도 하지

맑은 흰빛이 양초가 됐던 것은
에식스호*를 타고 몰려오던 때부터였지
식탁 불빛으로 출렁일 때마다 사라지는 향유고래

작살이 쯔른 바다 밑으로는 초승달 꼬리가 감겼어
플라스틱 병과 빈 깡통들이 몰려오기 시작했지

고래들의 말과 비명이 끊어진 자리
큰 물결을 일으키지
오클랜드 카리카리 해변에선 고래들 말이 하얗게 배를
드러냈어

오늘도 9시 뉴스에서는

수컷 고래들의 떼 지은 자살이 보도되고
살아남아 되돌아간 고래는
아직도 비닐우산을 오징어인 듯 삼키며 새끼들을 품고 있을까

작살을 함께 맞은 바다가 온통 붉어졌어
여기저기 궁륭처럼 부풀어 오른 육중한 주검들,
성난 고래 떼에 단숨에 포위당한
에식스호 선원들이
고래 뱃속에서 작은 물고기로 따뜻하게 살고 있겠지

검은 우유가 물 위에 별빛 문양으로 떠다니고
식탁을 기다리는 사람들의 혀는

여전히 붉은 입맛을 다시며 바다를 떠다니지

고래의 뱃속에는 어떤 종들이 헤엄치고 있을까?

* '허먼 멜빌'의 베스트셀러 「모비딕」의 모티브가 된 실재하는 포경선이다.

초오를 아십니까

꽃이었다
그가 흩날리자 바람도 보랏빛으로 물들었다

벤치에 앉아 아이스바를 무심히 핥을 때
그리하여, 축 늘어진 늙은 가지색으로 혓바닥이 물을 때
해는 조금씩 기울지, 그래 기울어지는 거지
한쪽으로 한없이 원 없이 기울어지는 거지

침묵도 그렇다
고즈넉함도 그렇고 어떤 단련된 쓸쓸함도 그러하다
상긋거리거나 희어서 낮밤을 하나로 잇고 싶어질 때
그는 방문을 닫고 그림자를 거두어들인다

그가 나를 가둔 벽도 두 평 남짓
눈이 머문 곳에 방문이 있고
세면도구와 함께 놓인 것들은 어쩐지 머쓱하다

철커덕, 잠길 때 두려움은 머릿속에서부터 시작된 일

옆은 늘 비어있고
적당히 시무룩한 얼굴로 기록되는 일기장에
갖고 싶은 것들을 꾹꾹 눌러쓰면
비릿한 검은 글자들로 가득 차는 이 세계

우리는, 서로의 나에게 서두르는 법을 잊었다
씹거나 삼킬 수 있는 초오*의 일은
번번이 돈 속에 가둘 수도 있을 테지

떠미는 대로 밟혀 나를 조금씩 떼내면
목 잠긴 내일, 가을 서리처럼 차다

* 옛날 부자와 함께 사약을 만들던 약초의 주재료.

탑

나뭇가지 새로 간신히 매달린 풍경을 당겨본다

부글부글 끓어오른 바람을 층층이 쌓는다는 것
단단한 주춧돌 위에 더 작은 마음을 업힌다는 것
대마의 순이 잘게 쪼개져 뾰족하게 흔들린다는 것
무청을 들고 오일장에 나간 당신이 추적추적 돌아온
다는 것

그늘진 낯을 거느린 튼실한 근육들이 시나브로 기울면
어깨와 어깨가 만나 허공이 생기고
푸른 이끼들이 그 사이로 피어났다

나는 계속해서 오르고 올랐다
삐걱거리는 마음을 부여잡고 하나의 산이 되고자 했다
그럴 때면, 저 멀리서 들리는 풍경 소리
산새의 꽁지깃을 타고 날아온 한줌의 미혹함이
바람의 죽비로 내 등을 내리쳤다

〉
산사에 고요가 들면 울타리를 넘은 비자나무숲 위로
멧새 떼가 날아 앉았다
나는 가만히, 정수리에 돌 하나를 얹고
어떤 풍경 속으로 들어가고 있었다

읍
―옴팡밭에서 돌아가신 아비를 위한 헌화가

죽은 듯이 눕자
목은 아래로 팔은 옆으로
다리는 북촌 포구*를 향해 뻗었지

죽을 수도, 살아날 수도, 묻힐 수도 있다, 는
느낌이 찰나를 휘돌았지
죽음의 맛은 어쩌면 달달할까, 쓰디쓸까,

보풀 없이 마르는 비명
간절한 것은 늘 춥고 시리지
비든 하늘이든 죽은 아버지든
송곳니든 날카로운 턱이든

새들이 부메랑으로 날아오르거나
주저앉거나 솟아오르는 밤
어둠은 숨겨둔 빛을 낱낱이 찢고 있지

가스레인지 불꽃에 시커멓게 몸 비틀며

한 장의 쥐치가 오그라들지
빨갛게 짓물러진 축축한 밑
들썩이며 결국 몸 갈려 공양처럼 내놓지
제 몸에 뽑힌 혀를 한입으로 내놓지

안으로 구부러지는 읍揖의 자세

막힌 창문,
바람의 입구가 사라진 발자국처럼 돌고

섬뜩해라, 자꾸 피어나는 검버섯들이여
잠시 내 비명을 담백하게 씹고 싶지

작약 꽃잎처럼 붉어져 평생 바라만보는

저, 지루한 읍泣

* 제주 4·3 유적지

윤장대 輪藏臺

삼월 삼짇날은 윤장대*를 돌리는 날
풍경소리 곱발 세우고
산자락은 그늘을 등지고 좌정한다

108배 올리던 법당에서
굽은 허리와 무릎뼈 석탑처럼 일으켜 세우고
윤장대 돌리는 어머니의 마음에는
묵은 발원이 한 칸씩 깊어진다

상현달 달무리 지는 밤
아이의 울음소리 희미하게 살아나고
안간힘을 토해내던 흑백의 한 생
몸속 경經이 된 통증을
한 올 한 올 부풀리니
저만큼 솔바람에 가슴 쓸리기도 해

앞뒤 없는 회한과 갈망은

두 손 맞잡고
배웅하듯
한 곳을 바라보니
이마 위로 맺힌 땀방울
눈물의 동의인 양 하염없이 흐른다

더 두툼해질 법문의 책장에
줄 맞추어 반듯하기 들어가 있을
어머니의 비워낸 몸을
나는 가만히 부축하여본다.

* 경북 용문사 내 소재 국보 제328호.

수박밭의 생쥐들
―정선, 서과투서西瓜偸鼠

수박 한 통 훔치게 망을 봐줘요
배꼽을 수시로 스치며 찾아오던
불안 혹은 공복
화날 땐 당신의 어디부터 긁어야 할까

고무줄 늘어난 몸빼바지
친구들 볼까 봐 부끄럽던 감자 보따리
―그래, 그 정도 무릎 닳고 고개 숙이기도 했으면
이미 붉어졌을 당신의 속을,
뾰족한 송곳니로 와삭와삭 갉아먹고 싶어졌어요

좌판 위에 앉아있는 당신을 피해
푸른 줄 원죄처럼 쫙 그어놓고
맨입으로 벗겨내고는 도망치고 싶었어요

비켜서면 보이는 것들
벌레 먹은 이파리, 노랗게 바랜 줄기 제치고

넌지시 나 이름 불러주며
마른침 고육으로 흘려 넣어주는 당신

어제처럼 껍질 벗기며
소리 내 힘껏 두드려 수박을 먹는다
얻어먹는 것보다 훔쳐 먹는 맛 아세요
깊은 구멍 뚫어 맛보는 염천의 감로수

검은 씨 큰 시절도 칼이 될 당신
쉬잇! 잠깐만
파란 달개비꽃 숨소리 아래 얼른 엎드려요

봄 풍등風燈

보도블록 틈에 납작하게 엎드린 민들레
뒹구는 연습으로 말을 배울 때
눈꺼풀이 자꾸만 내려앉지요

습관처럼 움 틔우고
배꼽에 비를 모으고
마른 감정 꽃으로 살리기 위해
어제의 산책으로 달려나가죠

이따금 혓바늘이 돋지요
집으로 돌아가는 길
돌멩이 하나 툭
기침이 자꾸 솟아
죄짓고 숨어 살 수 있단 말은 허공
어둠을 목도리로 두르고는 저녁을 감싸지요

나는 날마다 젖은 뿌리를 뻗어

당신의 흙과 조우하지요
에헤라 둥둥, 매일 모른 척 인사를 건네지요

나를 꽃숲에서 꺼내어
후후, 불어도 절대 사라지지 않죠

속도는 정해진 날짜가 없어
죽음은 뼈째 날아가기 쉽거든요
하얀 풍등

병실의 기분

파란색 커튼이 사면을 에워싸고
의사와 간호사의 목소리가 급히 새어 나올 때
병실에 도착한 내 귀에 얼굴을 붙이고
아버지가 귓속말을 했다
—저 사람, 방금 죽었어

유월 장맛비가 창문을 내리긋고
자판기에서 빼온 커피잔이 출렁거렸다

흰 천을 덮은 병상이 나가고
가족 병문안이 일상처럼 이루어지는 동안
죽음에 관한 소문들 앞에서
칸칸이 잘라 나눠 먹는 수박의 푸른 줄이
링거 줄처럼 엉켜있었다

어느 땐 이생의 지문인 양
검은 씨를 뱉는다

젖은 그늘의 말들을 미음처럼 마시고
손바닥을 펴서 낮잠 자던,
유리병 속의 몇 줄기 고구마 순
궁금한 듯 고개를 침상으로 틀며
연한 초록 잎을 내밀 때

흰 베개와 시트가 아무 일 없듯 다시 깔리며
병실의 기분은 새로 완성되고 있었다

묵장墨匠

관솔을 조금씩 태워 그을음을 긁어모으는 저녁이었다

몇 굽이 능선의 노송이 낮게 몸을 누이면
불길 속 애먼 바람 잦아들고
저녁 빛도 잠시 푸른빛 스미겠다

아교를 붓는 일은 묵직하고 끈적한 세상일
지난한 시간을 그러모아
비비고 또 문질렀다

나무를 자르다 잘린 왼손 검지가
목형木型에 물컹하게 닿을 때는
떠나간 사람 멀리 지우며
짙어진 그늘 비를 쓸어 와 문풍지를 흔들곤 했으리라

해진 뒤 남은 빛 읽을 수 있듯
먹을 말리는 동안 굵은 입자의 시간을

삼만의 공이질로 눌러 다듬는다
이제는 볼 수도 만질 수도 없다는 것을 알면서도
저 밝은 달의 낯에 먹칠을 하면 오늘 밤 나를 데려갈는지

어제까지 일들 먹과 물로 섞일 때는
열두 폭 계곡의 폭포가 내리꽂혀 떨어지기도
흰 눈 소복하게 쌓여
내어놓은 길을 덮기도 하였다
소쇄소쇄 바람이 쉬었다 가면
먹빛이 그의 굳은 입술을 비추었다

송연묵松硯墨 향기를 베개 삼아 산 그림자 내려온다
굽이굽이 스몄던 붓자국 틈으로
이제는 사나운 시간을 재우고 돌아앉은 밤
번짐의 한 생애를 조용히 말리는 중이다.

지네

사흘 내리 비가 온 산기슭을 밟는다

가랑잎 사이로 움푹움푹 들어가는 발자국
너럭바위에 앉아 소금 땀을 말리는데
바짓단을 타고 오르는 붉은 지네 한 마리
그가 이 산을 오르면서 어지럽힌 발자국들이
다족류로 다시 태어나 꿈틀거린다

거미줄 속에는 바람이 숨어 있고
숨은 바람은 거미줄을 자꾸만 튕겨낸다
햇살이 춤을 추는 그곳 아래
삭막이 있고 적막이 있고 그가 살았다
어디론가 내려간 그는 좀처럼 돌아오지 못했다

막배가 뜨지 않는 날도
눈 속에 파묻히는 날도 있었을 것이다

마디마디 몸 감쌌던 발들이 잘못 헛디뎌

흰 가루로 빻아졌는지,
사나흘 채반에 꼬들꼬들 말려지고 있지는 않은지,

어깨 움츠려 난간이 앉는다
아이들 소리 발밑이 깔고
바람의 뒷장까지 샅샅이 넘기다 보면
당신이란 門, 내겐 늘 새벽 한 시 같은,

공원 앞 구석진 곳에서
사방으로 뻗었던 발들이 핀셋에 잡힌 것처럼
꼼짝없이 함께 붙어있는 악각顎脚의 그림자

골목 모퉁이를 돌아

점점 가까이 좁혀가는 내 발자국 소리,
초승달 몸 바짝 틀어 비트는
문득, 서늘한 밤

표백 漂白

기억나지 않아요,
눈앞에 팔랑거리는 나비를 잡겠다고
고무신을 아차,
허공으로 날려버렸어요

저기 좀 봐
슈퍼타이 대신 설탕을 넣었어요
나를 녹여서 빨려고 해
어제와 똑같은 스웨터를 입게 될지 몰라

집 나간 병아리를 찾겠다고
거품을 손으로 찌른다
애타는 목소리를 휘젓는다
온몸에 멍이 든다
하얗게 하얗게 나를 잊는 병

둥둥거리며 세탁기 속에 삶아져

쉼 없이 돌아가다
쫑긋 귀를 세우면
점점 표정이 굳어지지요

꼬들꼬들 잘 마른 빨래처럼
보송보송 웃으며
당신의 밤을
샤프란 샤프란 하고 싶어요

손으로 찍는 자국마다
설탕은 또 눈이 되어 내리고 있어요

보라

눈을 감으면 아슬아슬 너를 통해서 볼 수 있는

셔츠 사이에서 시큼한 향기가 난다
단추 구멍으로 물이 흐른다

빛과 조명 사이
말과 말 사이로 새소리 들락거린다
흰 벽을 더듬거리면 나비가 날아간다

소포 속에는 기분이 들어있다
손 없는 팔로
이곳의 저녁식사야,
독 안의 쌀을 한 주먹 쥐여주는 언니
초가지붕 속 굼벵이가 씹혔다
구름은 하늘을 거느리고 떠다녔다

며칠 전 시소에 앉았다가

택시에 받힌 리어카 꽁무니를
엉덩이로 뭉갰다
차려둔 밥상 위로 허공을 짚는 젓가락 소리

집은 먼 꽃들의 한 시절
용담, 체꽃, 솔채
쌀쌀한 산책
산도産道처럼 넓어졌다 좁혀지는

결국은 들켜야 될, 어제

곰벌레*

 얼음이 수면유도제가 된 채 통째로 녹았어 불면의 형태는 다소곳이 천장을 바라보는 것이었지 난 여전히 살아남아 숨을 쉬고 꿈틀거리며 적막으로 길어진 혀를 내밀지

 지하로 지하로 암흑으로 떨어진 계절, 파도의 흰 칼날 침잠하는 것들은 모두 파랗게 젖어있어 아직, 잊히지 않는 일을 기억할 때는 입술을 잘게 깨물어 사색으로 끝을 맺지

 시간은 늘 처음과 끝이 같아 육십 년을 멈춘 당신의 가슴처럼 바닷속 하늘은 언제나 캄캄한 밤이었어 종일 잠수하거나 먹이를 삼키며 하루를 마치다 보면 자지러지고 발악하지 않는 것은 얼음을 통과한 빛을 따라 도는 바람 때문이지

 파도에 등 떠밀린 당신을 기억하는 일에 눈 뜨며 더는

침몰하지 않는 일에 골몰해 천장만 바라봤지 이따금 말미잘을 건드려 흔적을 남기기도 했어

  밤은 어쩌면 내 살갗, 오랫동안 자고 있던 침묵의 시계視界
  문장이 되지 못한 지하의 한숨을 피해 암호인 양 미세한 현미경을 들고 나타나 끝없이 죽었다 환생하는 나를 발견해도 좋을 거야

  顯考學生府君 神位

누군가는 날 비닐인형이라고 부르지

배가 고프다
사방을 향했으므로 배를 움켜쥔다
청소차가 지나가도 흩날린다

뒤엉킨 손과 발가락
이마를 찡그린다
나타났다 사라지는 사람들
은행나무 가지 위에 매달린 저, 작은 란卿
앉았다 일어서기를 반복 한다

너이면서 때로 우리이기도 했던 날들
불 꺼진 방, 닫힌 창
매일 밤 부스럭거릴 때
발 디딜 땅이 없어
서둘러 각자가 되지

부끄러운 손가락은 얼어붙고
뼈 없이 붙은 군살 때문에
그림자는 자꾸만 커지지

허공을 간판처럼 받든다
공손한 그늘막,
비로소 가능한 이별
누군가는 날 비닐인형이라고 부르지
떠날 때, 적당하다는 말은 짐승처럼 자라서
밖으로 뱉으면 기약 없는 약속

조명이 꺼진 뒤
온몸 바스러질 때
가슴과 다리 사라져도
발목은 자꾸만 시렸다

언제 쯤 터져버릴까, 혼자서 걸어가는
결코 죽지 않는
저, 바람속으로 묵묵히 걸어가는

나

빙하기

노파의 무릎이 조금씩 녹아내리기 시작했다

아무르 강과 캄차카 반도에서 천천히 걸어왔는지,
사할린 사이의 오호츠크 해에서 떠밀려 왔는지,
수평선 멀리 검은머리물떼새의 등에 타고
천리만리를 날아온 것인지,

양동시장 귀퉁이에서 러시아산 새우를 파는 노파
꽁꽁 언 얼음을 내리쳐 깨면, 바서져 내리는 독고의 날들
노파가 새우를 닮아갔는지, 새우가 노파를 닮아갔는지,
굽은 등으로 매일같이 땅바닥에 절을 한다

아이스박스 안으로 꽉 채워진 얼음조각들이
새우의 육신을 떠받들고 있는 어시장
너무 차가워, 이미 죽은 새우가 벌떡 일어날 것만 같아

비릿한 바람이 사방팔방에 질척거리고
먼 마다 펼쳐놓고 부침중인 소용돌이
한쪽 축이 닳은 비닐장화의 틈 속으로 들어오는
한 움큼의 쓸쓸한 빛

노파는 팔다 남은 새우를 손수레에 싣고
낭떠러지라는 이름의 바닥을 오르며
갈매기가 훑고 간 석양 사이로 유유히 사라진다

나는 보았다 수차례 박힌 대못의 흔적으로
온몸 굳은살로 빈틈없이 채워져
파랑에 부유할 때마다
오늘도 퇴화된 두 손 대신 더듬이로 바다의 깊이를
재는

저 스스로 갑각류가 된 당신의 뒷모습을,

네펜데스

내일이 도착하기 전에 입을 오므립니다
굳게 닫힌 벌레소리
쫄깃한 귀를 유쾌하게 씹고 싶군요
뼈 있는 날개 맞닿아 오독오독

단지 나에게 다가왔을 때
가만있었을 뿐이에요, 나는
내 입 속으로 들어 와
점점 가라앉는 일
혀에 맞닿아 씹을 때는 죽음을 애써 지우죠

나는 날개가 없어 꿈꾸는데 익숙하죠
북극을 향해 떠나는 열차처럼
모두가 잠든 사이에도
뾰족, 입술을 내밀뿐이죠
네펜데스, 삼키는 것이 주식主食이니까요

생각은 각기 다른 방향을 향하여
주린 몸짓으로 덫을 놓지요
경계는 또 다른 경계를 만들어 틈을 만들죠

난 아직 늦봄
향기를 탓하는 자들,
어제가 미래인 당신,
고독을 미감처럼 열고
오늘, 한 걸음 더
멀리 떠나세요

* 석죽목에 속하는 식충식물

반성하는 호박

입장을 바꿔 생각해봐
심장이 파인 다음
곰곰 고아지는 일에 대해

이웃들이 함께 테이블 앞에서 얽히면
쉽게 끓어오르지
빚, 이자, 독촉장이 큰 통에 고아질 때
오감을 오래전 땅에 묻었을지라도
밤은 이럴 때 자라나서 캄캄해졌지

바람이 주는 통증에 둔감했던 이파리
며결실을 독촉 받던 노란 꽃,
될 대로 되기만 바랐던 내가
수령, 납부, 당첨 같은 말들을 자꾸 되뇌다 보면
눈물 대신 앙다문 파리한 입술이 지워질까

눈꺼풀이 사라져버렸어

묵묵히 갚아내야 하는 것들 끼니로 채워주면
허물 벗듯 난 다시 물이 될까
툭툭 보글거리다 밀어 올리는 동그라미

구절양장九折羊腸으로 한 시절 꺾이며 내려가다
물기에 젖어 혹은 썩어 사라져야 하는 것은
아무 일도 아니라는 듯
기차소리를 발뒤축으로 밟는 일이다

식욕이 두덤이 되는 일에 대해서
울적해질 때
나는 남은 호박 줄기들을 모아 다시 햇빛 쪽으로 간다

꽃이 핀다 모르는 척

극해

애초에 밤은 바다였다

아직, 시작도 제대로 찍히지 않은 레이더를 살피며 아득하고 망막했다 첫 기항이었다. 쇄빙선은 불안과 초조로 한 걸음씩 전진한다.

바다의 먼 저쪽을 흔들리는 눈동자로 쳐다보다 잠영하고 깨어진 빙하의 공기방울 속에서 튕겨져 나온 나무와 하늘과 선사의 말들이 맨살로 온몸을 부딪는다

수습되지 않은 어떤 바람은 눈을 다소 꺾이는 자세로 다가왔다. 날선 표정이다. 나는 다만 비루하게 엎드렸고 두 눈을 부라리며 맞섰다. 눈 속으로 먹구름이 들락거렸다. 통발처럼 패배의 빈틈으로 행간이 지워졌지만, 그것이 끝이 아니라는 것쯤은 이미 알고 있었다.

오늘은 불안과 갈등으로 이어진 다리로 망망대해의

끝을 잡기도 하고 물수제비를 뜨며 윤슬로 빛난다. 달빛 없이 찾아 헤매던 검은 형체들. 비를 맞고 꼬리별의 행렬을 따라 불면의 물살로 떨어져

 악력을 다해 노트를 돌리고, 때로는 반대 방향으로 풀어 재낀다 거친 파도는 계단이 되어 숨 비틀거리고 무릎 삐걱거리는 극지를 향해 뒤도 돌아보지 않고 전진한다. 북극은 城이었으나 때때로 밀리고 무너지기 쉬운 꿈이었다.

 시간을 거슬러 나아가야해. 꿋꿋이 혼자를 견뎌야지, 먼 항해에 지친 북극제비갈매기 떼가 뱃전에 앉아 재잘거린다.

 깨진 얼음 속으로 거친 파고가 물속 동물들의 검은 얼굴을 지운다. 푸른빛을 지우고 거침없이, 지상에서 조금씩 안부를 타전하며 점점 가까이 맹렬하게 떠서 다가서는 빙하들. 묵언수행으로 몇 개의 항구를 놓친 꿈은 여전히 귀청 떨어질 듯 바람이 거세다.

 귀항과 고향은 선스의 물결을 따라 나란히 출렁였다.

갑판 위로 떨어지는 유성우들이 어깨를 스치며 소스라친다.

해설

슬픔과 상심으로 쓴 인간/곤충기

정재훈(문학평론가)

나방이 눈물을 마신다. 눈물을 마시는 나방은 라크리파고스, 인간의 살을 파먹는 좋은 안트로포파고스라고 한다. 우리는 늘 슬픔을 먹고 산다. 그것이 아름다운 서정시와 대중가요의 본질이며, 슬픔과 상심이 그렇게 달콤한 이유는 그것이 우리 안에서 불러일으키는 감정, 즉 타인의 고통에 대한 감정이입과 혼자가 아니라는 작은 위안과 관련이 있을 것이다.[1]

우리는 슬픔을 먹고 산다. 그리고 눈물을 흘린다. 이것은 단순한 감정적 배설물이 아니다. 눈물은 다른 이들에게 보였을 때 비로소 진정한 가치를 얻는다. 눈물을 흘린다는 것은 '살아 있음'을 증명한다. 그러니까 너와 나, 우리 모두가 슬픔을 '함께' 먹고 사는 존재라는 사실을 말

---

1) 리베카 솔닛, 김현우 역, 『멀고도 가까운 - 읽기, 쓰기, 고독, 연대에 관하여』, 반비, 2016, 173쪽.

이다. 레베카 솔닛이 섬세하게 쓴 대목을 가만히 따라가다 보면, 이따금씩 달콤한 시적 상상을 맛볼 수가 있다. 그녀가 말한 슬픔과 상심이 불러일으키는 감정은 한 곳에만 머물지 않는다. 오히려 그것은 작품이라는 매개물로 인해 끊임없이 전파되면서, 우리 모두가 결코 혼자가 아니라는 위안을 마음 곳곳에 꽃 피우게 했다.

이 해설을 쓰기 전에 필자는 우연히 '나방'을 본 적이 있었다.[2] 마치 "세상 밖의 노선"(「나방은 누가 풀어 놓았을까」)인 듯 한적한 시골길 같은 곳에서나 볼 수 있는 나방이었는데, 그 날갯짓이 가리키는/가르치는 것은 눈앞이 컴컴한 어둠 속에도 어딘가에는 작은 빛이 자리 잡고 있다는 사실이었다. 누군가의 슬픔과 상심에 다가가려는 마음일수록 "인적이 사라진 고행 속으로 날아가는 나방들"만큼이나 떨렸을 테고, 뜨거웠던 한낮을 가까스로 견디는 와중에 어느새 피어나기 시작한 그 "서늘한 빛무리 속으로/울고 남은 몇 개의 말들"의 날갯짓은 그동안 슬픔과 상심 때문에 흘렸을 누군가의 눈물 자국을 떠올리게 했다.

병증의 정도를 염려하게 하는 "마른 기침소리"와도 같

---

[2] 졸고, 「우리를 바깥으로 유혹하는 시적인 힘」, 『문예바다』 2022년 여름호.

은 시였다. 그렇게 김성신의 시를 처음 마주했을 당시에는 시의 화자가 "눈 속의 혀"로 "오랫동안 습기를 핥고 있"던 장면이 무척이나 인상 깊었다. 리베카 솔닛에 따르면, '나비'나 '나방'은 우리가 생각하는 그런 온순한 곤충이 아니다. "녀석들은 사실 사나운 곤충이며, 삶의 매 단계가 투쟁인 생명체[3]이다. "얼마간 애벌레로 시간을 보내고, 자기 살을 찢고 나오고, 번데기나 고치 상태로 지내다가, 매우 길고 맹렬한 짝짓기를 하고, 천적의 먹이가 되지 않기 위해 식물의 독을 섭취하고, 유난히 긴 혀로 동물 배설물이나 물웅덩이를 더듬는다.[4]

나는 한 마리 벌레
저 단단한 씨방 속이 궁금했다

그림자는 기꺼이 버려두며
빛의 모서리는 둥글게 둥글게
바라볼 때마다 나지막이 반짝일 것

---

3) 리베카 솔닛, 위의 책, 143쪽.
4) 위의 책, 같은 쪽.

견딜 수 있냐고 묻고는
사라진 웃음을 수막새로 만들며
모질다고 낯도 참 두껍다고 말할 것

내가 깊은 그곳을 헤집은 후
푸른 저녁은 말을 걸어오곤 했다

하룻밤은 당신과 입술이 맞닿는 일
사흘 밤은 당신의 어깨를 감싸는 일
이레째, 당신의 봉분을 쌓을 수도 있겠다

사소한 일들로 벌어진 당신과의 틈새로
낯선 계절이 웅크리고 있었다
앞에서 안아도 가슴은 늘 뒤
몸 안으로 흐르는 채워지지 않는 생각

갉을 수밖에 없는 운명
나를 저 멀리로 내려놓아
몸속으로 들어가는 것들은 죄다 길이 되고

안녕, 이라는 말 한마디

무릎으로 구겨 넣을 때마다

가뭇한 소리가 이명처럼 자박거린다

—「충영蟲癭」전문

　필자가 봤던 '나방'도 그러했다. 희미한 빛을 탐하면서도, 날갯짓 뒤로 그만큼 어둠을 짊어져야 했을 것이다. 어쩌면 필자가 그때는 미처 보지 못한 순간도 있었으리라. 스스로를 보호하기 위해 독을 섭취하고, 살아남기 위해 긴 혀로 밑바닥을 더듬는, 이른바 '생(生)과 사(死)' 또는 '빛과 그림자'라는 경계에서 위태롭게 움직였던 날갯짓을 말이다. 언젠가 "나는 한 마리의 벌레"라고 주저 없이 말을 내뱉었을 때는, 무언가 깊은 곳으로 비집고 들어가 그것을 "갉을 수밖에 없는 운명"에 순응하려 했을 것이다. 그렇게 슬픔과 상심으로 얽힌 몸 어딘가에는 조금씩 혹이 자라나기 시작했다.

　처음에는 무척이나 낯설었던 이물감도 시간이 지나다보면 원래 있던 살과 뒤섞여 감각이 무뎌질 때가 온다. 누군가는 모진 풍파를 온몸으로 겪었던 탓에 주위로부터 "낯도 참 두껍다"라는 말을 들을 정도로 굳은살이 곳곳에 생겼겠지만, 그러한 삶도 가만히 들여다보면 "틈새"가 있다. 슬픔과 상심으로 몸(살)과 마음에 생긴 그

상처와 같은 틈에는 번데기가 되기 위해 애벌레가 웅크리는 듯한 "소리"가 자리를 잡는다. 헤집고 들어갔으니, 언젠가 다시 헤집고 나오리라. 그렇게 '소리'는 "낯선 계절"의 휴지기(休止期)를 견디다가, 번데기에서 성충이 되는 "우화'(羽化)를 거쳐, 허공을 향한 날갯짓처럼 울려 퍼질 것이다.

어디 나방뿐이겠는가. 어딘가에 "여전히 살아남아 숨을 쉬고 꿈틀거리며 적막으로 길어진 혀를 내밀"(「곰벌레」)고, 슬픔과 상심에 묻힌 한밤중을 견뎠음에도, 결국에는 "문장이 되지 못한 지하의 한숨"을 끝으로 "바람의 뒷장까지 샅샅이 넘기"(「지네」)고자 했던 사방(四方)의 몸부림이 어디 날갯짓에만 있었겠는가. 어둠을 짊어진 채 몸부림쳐야 했던 그때의 상처 위로 세월에 의한 무덤이 켜켜이 쌓이다보면 어느덧 이전의 제 살과 그때의 상처를 더는 구분조차 할 수 없게 되리라. 그러니 저 "악각(顎脚)의 그림자"도 지금까지 여기저기 쉼 없이 씹다가 상처입어서 생긴, 마지못한 견고함이었을 테다.

어딘가 깊은 곳을 헤집는 벌레의 입처럼, 나방의 긴 혀도 지금까지 이곳 밑바닥을 더듬어 왔었다. 한밤에 쓰인 은밀한 역사였을 그 '뒷장'의 구절은 마치 "갖고 싶은 것들을 꾹꾹 눌러쓰면 / 비릿한 검은 글자들"(「초으를 아십니까」)이 혀끝을 맴돌았던 것처럼 달콤했다. 그런 달콤한 시적 상상이 품은 마성의 힘은 일상의 중력을 거스르고자 하며 불온의 날갯짓을 조금씩 꿈꾸었을 것이다. 시인도 이렇듯 홀로 꾹꾹 눌러쓰는 고독의 시간, 그 비릿한 검은 글자들이 감돌았을 습작의 밤을 홀로 보내다가, "덜컥 쏟아지는 어둠"(「오, 유리」)이 가끔은 "근사"하다고 느꼈을 것이다.

  시인은 모두가 잠든 시간에 홀로 슬픔과 상심이라는 밑바닥으로 향했고, 그렇게 나방의 입맞춤을 모방해왔다. 고독했던 습작의 밤은 나방을 둘러싼 적막과도 닮았기에 이제 어느새 시인의 혀도 나방처럼 길어진 상태였다. 어둠에 최적화된 입술을 여기저기 갖다 대며, 긴 혀를 내밀었을 것이다. 무언가가 혀끝에 감지될 때에는 주저 없이 그것을 핥거나 씹었다. 누군가에게 "말할 수 없을 때 만져지는 후렴들"(「검정1」)일수록 혀끝에서 달콤하게 맴돌았을 것이다. 또한, 시인에게 이곳은 온통 "의심"(「헤모글로빈」)으로 가득 찼었는데, 그것은 꽤나 단단해서 "오래도록 오물거리기"가 좋았다. 이렇게 "고독을 미감처럼 열고"(「네펜데스」) 주저 없이 "삼키는 것이 主食"이 되었다.

두브 같은 집이었지, 바위처럼 단단한 집이었지

당신의 젖은 귀와 부르튼 입술을 생각해요
오체투지, 바닥에 낮게 엎디는 참례의 시간
맹금처럼 날 선 발톱이 풍경을 수습하고
비로소 내려앉은 마음들은 먼 곳을 바라보네

어지와 오늘 사이의 음소가 분절될 때
울적의 리듬은 박장대소와 굿거리장단에도 후렴을 맞추지
어디에도 가닿지 못한 묵음이 벽을 뚫고 울려 퍼지지

허공을 가로질러 바라보면 이 세상은 때로 질문들의 증덩
먼 곳에 있는 것이, 가장 가까운 곳으로 숨 쉴 때
가로지르는 것이, 내 옆에 있었음으로
누군가 되물어도 입술을 깨물 뿐

말의 섬모는 부드럽지만 함부로 내뱉을수록 공허해져

끝은 뼈처럼 하얗구나
함부로 내뱉은 말들이 부유하는 소란의 세계
돌아나가던 命이 여기서 저기로 숨어들면

혀를 내밀어 숨겨진 말맛을 핥는다
음, 그늘진 속이 보일 땐 아늑하기까지 하군
오랫동안 놓지 못한 헛꿈이 측면으로 사라진다

굽이치는 강물에 작은 손바닥을 휘저으며
고립에 빠진 낯이 쉬웠다는 일기장
쓴다, 지난한 것들이 번져가는 달그림자를

무수한 별들
당신이 흘린 말에 박혀

차마, 혀를 빼내지 못한

그 사이의 사이

―「말」전문

"두부"의 연약함과 "바위"의 단단함이 공존하는 상태

는 '번데기'를 떠올리게 한다. 제 몸을 단단하게 웅크리고, 살을 뒤틀어서 전에 없던 날개를 만들어내어 스스로를 겹겹이 감쌌던 층에서 가장 연약한 지점을 찢고 나와야 하는 과정은 그야말로 "오체투지"에 버금간다. 성충이 되어 긴 혀로 이곳 밑바닥을 핥았을 때의 자세는 한없이 낮았으리라. 그렇게 "젖은 귀와 부르튼 입술"로 더 낮은 곳을 향해 "내려앉은 마음"을 잠시나마 추스를 때가 되면, 번데기였을 무렵 꿈꾸었던 "허공"이 희미하게 보였으리라. 혀끝에서 달콤하게 느껴졌던 "후렴"이 "울적의 리듬"으로 씁쓸하게 바뀌는 순간이 바로 그때였고, 시인에게 '말'은 진정 그러했다.

"혀를 내밀어 숨겨진 말맛을 핥는" 것이 나방간의 일은 아니었다. '쓰다'라는 말을 핥아보면, 그것이 무언가를 쓰는 것(筆)인지, 아니면 정말로 맛이 쓴 것(苦)인지 모르는 경우도 있었다. 습작의 밤을 보내며 시를 쓰면 쓸수록 가끔은 "먼 곳에 있는 것"을 어떻게든 붙잡아야겠다는 생각에 사로잡혔을 때가 있었을 테고, 또 어느 날엔가는 "가장 가까운 곳으로 숨 쉴 때"를 찾느라 스스로를 가두어야만 했을 것이다. 그렇게 "고립에 빠진 낯"을 가장(假裝)한 채로 한낮을 보내다가, 어느덧 "무수한 별들"이 쏟아지는 밤이 와도, 시인의 혀는 "당신이 홀린 말"의 맛을 도저히 잊지 못해 "차마" 그 말을 내뱉지도 못 했으리라.

하지만 이곳에 살아가면서 마주했던 온갖 '의문'들을 오물거리며 곱씹다보면 스스로를 "증명"해야 할 때도 있었다. 당신을 비롯한 누군가의 슬픔과 상심으로 흘러내린 말들을 핥는 것이 아니라, 오히려 시인 자신이 쓰디쓴 말을 내뱉어야만 하는 상황이 바로 그것이었다. 특히, 이곳의 무심한 누군가가 "함부로 내뱉은 말들이 부유"하면서 일으킨 어떤 "소란"은 쓰디쓴 '경멸'을 내뱉게 했다. 부유하는 그 말들은, 슬픔과 상심으로 인해 연약해진 마음일수록 그것을 더 파고들어가 독버섯처럼 자라났다. 그래서 시인은 지금도 '함부로 내뱉은 말'을 경멸한다. 왜냐하면 그 말에는 울음이 아니라, '냉소'라는 치명적인 '독소'가 있기 때문이다.

> 파란색 커튼이 사면을 에워싸고
> 의사와 간호사의 목소리가 급히 새어 나올 때
> 병실에 도착한 내 귀에 얼굴을 붙이고
> 아버지가 귓속말을 했다
> — 저 사람, 방금 죽었어

유월 장맛비가 창문을 내리긋고
자판기에서 빼온 커피잔이 출렁거렸다

흰 천을 덮은 병상이 나가고
가족 병문안이 일상처럼 이루어지는 동안
죽음에 관한 소문들 앞에서
칸칸이 잘라 나눠 먹는 수박의 푸른 줄이
링거 줄처럼 엉켜 있었다

어느 땐 이생의 지문인 양
검은 씨를 뱉는다

젖은 그늘의 달들을 미음처럼 마시고
손바닥을 펴서 낮잠 자던,
유리병 속의 콩 줄기 고구마 순
궁금한 듯 고개를 침상으로 틀며
연한 초록 잎을 내밀 때

흰 베개와 시트가 아무 일 없듯 다시 깔리며
병실의 기분은 새로 완성되고 있었다
　　　　　　　　　　　　　－「병실의 기분」 전문

'소란'에는 딱히 경중(輕重)이라는 것이 없다. 이는 어찌 보면 상대적이다. 그것이 일어난 장소가 위 시에서처럼 병실이든, 아니면 그 어디든 간에 잠잠했던 이전의 공기가 어떤 계기로 인해 파동 되는 순간이 바로 '소란'인 것이다. 그렇다면 문제는 그때 일어난 파동을 얼마나 예민하게 받아들이는가에 있다. 파동을 느끼지 못한 누군가는 자기 주변에 아무 일도 일어나지 않았다고 생각했을 것이다(이는 '냉소'도 마찬가지다). 하지만 위 시에서 화자의 '기분'은 다르다. "병문안이 일상처럼 이루어지는 동안"에도 "장맛비"가 창문을 때리는 소리라든가, "자판기에서 빼온 커피잔이 출렁"거리는 사소한 파동을 느끼는 화자는 그 누구보다 예민하다.

  그럼 우리도 화자처럼 예민하게 위 시의 장면을 다시 보자. "파란색 커튼"에 가려져 다급한 목소리들이 새어 나오고 결국 한 생명의 불씨가 꺼지는 순간, "저 사람, 방금 죽었어"라는 "귓속말"이 어떻게 들리는가. '저 사람'이라는 익명성은 귓속말에서만 있었을까. 병원 내에서 이름 대신 '환자'로만 호명되고, 복잡한 의학 용어들이 가득 찬 차트(chart) 어디에도 '저 사람'의 이름은 없었을 것이다. 그렇게 죽은 이의 "병상이 나가고" 다시 그 자리에 똑같은 "흰 베개와 시트"가 "아무 일 없듯 다시 깔리"는 병실의 환기("기분")는 그곳 공기를 완벽하게 표백시켜 버린다.

위 시에서 일어난 작은(?) 소란이 우리를 두려움에 떨게 만든 '코로나' 때문에 일어난 것은 아니었을 테지만, 그럼에도 분명한 점은 '코로나'가 불러온 '죽음'에 대한 사유가 최근 여러 시인들의 작품들에서 드러나고 있다는 것이다. 다른 누구보다 예민함에 특화된 시인들의 입장에서 본다면, '코로나'는 과연 어떤 의미일까. "팬데믹은 우리 사회에 이미 존속하고 있는 긴장들을 폭발시킨 일종의 기폭 장치(뇌관) 구실을 한다."[5]라는 말을 떠올린다면, 위 시에서 우리가 엿들었던 누군가의 "죽음에 관한 소문들"이 일으킨 파동은 실로 엄청난 파괴력을 지녔다고 봐야 한다. 그리고 예민한 시인들은 파편처럼 널린 그 긴장과 소란을 애써 감춘다거나 정돈하려 하지 않는다.

    어슷썰기를 했다, 지난 저녁을
    도마 위로 흘러내린 채끝살의 핏물이 흥건히 고여

---

5) 슬라보예 지젝, 강우성 역, 『잃어버린 시간의 연대기』, 북하우스, 2021, 186쪽.

있었다

　매운맛이 돌았다
　모서리가 사라진 것들
　감출 수 없는 기분을 게워내는
　거울에 불길한 내가 붙었다 떨어진다

　한참을 그림자로 출렁인다
　하나둘 채워 넣은 감정은 이미 사선으로 가득찼다
　그림자가 한참을 두리번거리자
　하나둘 경계를 넘는 사소한 기분들
　낯선 얼굴들이 칼끝에 걸려 미끄러졌다
　목젖이 입 밖으로 튀어나올 것만 같았다

　상점 밖의 단풍나무가 거리의 찬 공기를 뱉어낸다
　헐벗은 마네킹이 딱딱한 어깨를 움칫거리고
　거울에 붙은 입술 자국이 단풍처럼 붉게 번진다

　언제나 그와는 행인의 얼굴로 마주 보게 된다
　어깨에 내려앉은 담배 냄새가 굴렁쇠를 굴린다
　그는 어딘가로 향해 초조한 표정으로 걷고

골목길이 막히면 애벌레 삼킨 유리병처럼 숨쉬기
힘들었다

  쏟아진 빈 어항처럼 공기가 빠진 전면 거울
  나는 너무 늦게까지 서울역에 앉아있었다

  인파 속으로 스지하듯 숨어버린 얼굴
  비밀은 유리의 단면처럼 뾰족하다

  병이 병을 어루만진다

  단숨에 가라앉는 입은 끈적인다
  안으로 빠져나가는 밤 사이로
  저 홀로 날개를 파닥이는 새

　　　　　　　　　　　　　－「거짓말」 전문

 무엇으로도 "감출 수 없는 기분"이라면 그냥 있는 그대로 말하는 것이 '시인'다운 화법이다. "채끝살의 핏물"이 흥건히 고인 "도마"를 끝내 닦지 않고, "지난 저녁"을 위한 소란의 크고 작은 흔적들을 애써 정돈하지 않으려는 화자의 '기분'은 "사선"처럼 삐딱하다. 관습과 격식에 얽매인 화법은 이와 정반대이다. 정답처럼 정해진 곧은 선과 같은 그것은 '나'의 기분이 아니라, 상황에 따라 새롭게 세팅되어야만 하는 거짓된 기분을 강요한다. 이렇게 거짓의 화법으로 내뱉은 정답 같은 말은 앞서 누군가가 '함부로 내뱉은 말'과 같고, 위 시의 "헐벗은 마네킹"처럼 우리는 정해진 관습과 격식에 따라 언제든 깨끗한 옷으로 세팅되어야 하는 수동적인 존재임을 강요받는 것이다.

하지만 "하나둘 경계를 넘는 사소한 기분"은 수동적인 태도를 거부한다. 함부로 내뱉거나, 거짓된 기분이 아니기 때문에 저 기분을 사소한 것이라 말할 수 없다. 한낮의 뜨거운 볕을 견디면서 그렇게 "한참을 그림자로 출렁"거리며 표류했을 난민과도 같은 저 불온한 감정들을 "하나둘 채워" 넣으려는 손짓을 어찌 수동적인 태도라 말하겠는가. 그리고 앞서, 소란을 받아들이는 기분이 상대적이라고 말했듯 '경계' 또한 마찬가지일 것이다. "서울역"이라는 장소에서 만남과 이별의 경계는 과연 어디서부터 어디까지인 걸까. 또, 그곳에서 화자가 마주 봤던 "초조한 표정"은 과연 어느 경계에 서 있는 자의 표정이었을까.

스치듯 지나간 "행인의 얼굴"이 초조하게 보였다는 '사소한 기분'은 그 어떠한 '확신'으로부터도 미끄러질 수밖에 없다. 인파 속으로 숨어버렸을 저 '얼굴'의 궤적도 직선을 그리며 나아가지는 않았을 것이다. "너무 늦게"였을 수도 있는, 누군가의 "단숨에 가라앉는 입"도 그러하다. 밑바닥을 더듬거렸을 나방의 긴 혀가 그러했듯, 저 '가라앉은 입'이 얼마나 사나울지, 또 무엇을 원하는지 우리는 확신할 수 없다. 반면, "식탁을 기다리는 사람들의 혀"(「고래 뱃속은 따뜻해」)는 직설적이다. 탐욕스럽게 "붉은 입맛을 다시며" 자신들의 미각을 확신한다. 그들은 탐욕 앞에서 온순하다. 피와 살이 얽힌 탐욕의 "비밀"을 "유리의 단면"처럼 날카롭게 하여 방치하려는 불온함이, 바로 시인의 기분이다.

사라지는 것들이 구석구석 붙어있다

흔들리는 그림자를 바다라고 바꿔 부르기 시작했다, 복도
그곳에 들어서면 생각이 길고 멀어진다
늘어선 슬픔이 빼곡히 들어찬 방들
흰색 페인트의 농담濃淡을 적막으로 덧칠한다

배웅한 사람과 마중 나올 사람은 다르지 않다
드문 일이지만 트럭에 숨어든 이민자처럼
오늘도 죽음이 죽음을 살려내지 못했다
손가락 안쪽에 그믐달 같은 티눈이 들어앉기 시작했다

겨울이 도착한다
유리창, 침대가 바늘 틈에 꽂힌 채 손이 묶여있다
코로 이어진 식사 호스는 지하로 연결된다
복도는 조용하다
화살표는 얼마나 많은 의심이 뻗어 있나
오지 않을 날이 이미 와버린 것처럼
나의 물음표는 안과 밖의 모서리
흔들리는 물음이 사방에 널려 있다

눈물은 실패하지 않아요
병이 병을 어루만진다
복도에 버려져 까치발을 들고 있는 울음을 본다
병 속에 병이 같은 두께의 체온을 드러내도록
그 누구도 당신의 고통보다 빨리 달릴 순 없을 것

이다

   누군가의 바람이기도 했던 길,

   약 없이도 수평으로 누워있는 당신

   긴 바다가 출구 없는 둥근 시간이 된 채

천천히 유영하며 말을 걸어오는 난간이 흔들린다

끝이 만져지는 길
       -「고통보다 빨리 달릴 순 없을 것이다」 전문

앞서, 「병실의 기분」에서 우리가 봤던 예민함을 위 시에서도 어렵지 않게 찾아볼 수가 있다. 이름도 남기지 못하고 "사라지는 것들"이 구석구석 남겨놓은 마지막 흔적들을 애써 찾고자 했고, 그때마다 "흔들리는 그림자"의 미세한 파동을 느끼며, 그 길기도 짧기도 했을 생각의 잔상을 시적인 말로써 기록하려는 화자의 태도 역시 예민한 기분으로서만 할 수 있는 것들이다. 게다가 위 시도 그 배경이 '병실'이라는 점에서, '병(病)'을 둘러싼 죽음과 삶의 경계를 모호하게 드러낸다. 보건과 위생, 순수함을 강조하기 위해 칠하진 "흰색 페인트의 농담(濃淡)"은 그렇게 시간이 지날수록 옅어지고 더럽게 변색되면서 결국 지워질 것이다.

예민한 기분으로 인해 가지를 뻗기 시작한 불온한 "의심"은 확신의 "화살표"가 가리키는 방향에서 점차 벗어난다. 치료로써 치유될 것이라는 확신은 조금씩 흔들리고, "코로 이어진 식사 호스"라는 임시방편적인 몸부림조차도 "지하"라는 저 냉정하고 견고한 죽음에서 한 치도 벗어날 수 없으리라. 화자가 마주했을 가혹한 농담(弄談)은 "오지 않을 날"과 "이미 와버린" 날의 시차(時差)를 절망적으로 체감하게 한다. 이방인처럼 병실 복도를 서성이며 화자는 이곳에 없었던 그 낯선 말들의 의미가 무엇인지 곱씹었을 것이다. 그렇게 "흔들리는 물음"일수록 어디에도 안착하지 못 한 채 표류했으리라.

"정처 없는 것들이 서로를 주문처럼 외는 시간"(「부르카」)이 온다고 할지라도, 그것들의 화법과 울림은 저마다 다르기 때문에 결국 모두의 주문이 똑같이 들리는 일은 일어나지 않는다. 저마다 표류하며 그려온 삶의 궤적과 무늬가 서로 달랐기에 그때마다 마주하는 소란은 어쩌면 사소하거나, 아니면 엄청난 폭발을 일으키기도 했을 것이다. 위 시의 '흔들리는 물음'도 "출구 없는 둥근 시간"이라는 상대적이면서도 예측이 불가한 기로에 놓인다. 설령, 그 출구가 있다고 한들 그것은 "바람의 입구가 사라진 발자국처럼"(「읍」) 끝내 표류하다가 결국에는 "아무도 밟지 못한 시간의 협곡"(「야크」)으로 불시착할 것이다.

위 시에서 화자가 "끝이 만져지는 길"이라 했다고 하여 우리는 그 끝이 무어라고 확신할 수는 없을 것이다. 그 '끝'이라는 사건이 사소한 것인지, 아니면 엄청난 폭발 같은 것인지, 그것도 아니라면 정말로 '끝'이라고 말할 수 있는 것인지조차 아무도 모르기 때문이다. 앞서, 우리가 봤던 "서울역"에서 '만남'과 '이별'의 경계를 나누려는 시도가 무의미했듯이, 위 시에서 "배웅한 사람과 마중 나올 사람"을 구분하려는 것도 마찬가지이다. 과연 어떤 기준으로 '배웅'과 '마중'이라는 사건을 구분하겠는가. 고통도 그러하다. "그 누구도 당신의 고통보다 빨리 달릴 순 없을 것이다"라고 해서 '당신의 고통'이 그 누구보다 더 빠르다고 확신할 수 있을까.

걸으면서 볼 수 있는 것이 있다면, 뛰면서 볼 수 있는 것도 있고, 그것도 아니라면 한참을 서서 봐야만 보이는 것도 있다. 고통도 마찬가지이다. 빠르게 달려서 도달해야 할 끝이자, 결승선이라는 것이 과연 고통에 있을까. 서두에서 인용한 솔닛의 책 마지막에 실린 〈감사의 글〉은 이렇게 시작했다. '안토니오 마차도'라는 시인이 꾼 꿈이었다. 그는 자기 심장 속에 벌집이 하나 있고 벌들이 "나의 오래된 실패들을 가지고 꿀을 만들어 내는" 꿈을 꾸었다고 한다. 이어서 솔닛은, 실패는 쉽게 찾아오지만 그걸로 꿀을 만드는 일은 그보다 더 어렵고, 그럼에도 자신은 시도해 봤으며 가끔 직접 꿀을 얻을 수 있었다고 썼다.[6]

오래된 일들이 '실패'로 씁쓸하게 명명되기까지, 그리고 그 묵은 기억들이 달콤한 꿀로 만들어지기까지의 시간은 누구도 예측할 수 없다(오직, 벌들만이 안다). 게다가 그 꿀을 얼마나 얻을 수 있을지도 사실상 미지수이다. 이렇듯 우리가 누리는 달콤한 시적 상상이라는 꿀도 분명 그만한 시간을 거쳐야만 나온 것이었을 테다. 시로써 우리가 맛본 상상은, 무수한 습작의 밤을 보냈던 김성신을 비롯한 모든 시인들의 고독한 노력이자, 어쩌면 사소한 실패였으며, 실로 엄청난 꿈에서부터 시작(始作/詩作)되었다. 모두에게 고통은 꿀이다. 왜냐하면 그 고통 역시도 '심장'에서 비롯된 존재적 사건이기 때문이다. '그 누구도' 당신과 같은 심장을 지녔고, 똑같이 고통을 느끼는 인간이다. 그러니 그 누구도 언젠가 우리에게 좋은 꿀을 손수 내어 주리라.

---

6) 리베카 솔닛, 앞의 책, 372쪽.